# अधिकार से सशक्तिकरण तक

भारत में एससी, एसटी और ओबीसी समुदायों के अधिकार, न्याय और अवसर



मयंकादित्य लोहिया

Made with ♥ on the Notion Press Platform
www.notionpress.com

यह पुस्तक उन सभी लोगों को समर्पित है जिन्होंने समानता, न्याय, शिक्षा, संवैधानिक जागरूकता और मानव गरिमा के लिए संघर्ष किया।

उन समाज सुधारकों, शिक्षकों, विचारकों और संविधान निर्माताओं को, जिनके प्रयासों ने लाखों लोगों के जीवन में आशा, अवसर और आत्मविश्वास का संचार किया तथा एक अधिक न्यायपूर्ण और समतामूलक भारत की नींव रखी।

विशेष रूप से डॉ. भीमराव रामजी आंबेडकर, महात्मा ज्योतिराव फुले, सावित्रीबाई फुले, बिरसा मुंडा, छत्रपति शाहू महाराज, नारायण गुरु, अय्यंकाली तथा उन असंख्य ज्ञात-अज्ञात व्यक्तियों को, जिन्होंने अधिकार, सम्मान और अवसरों के विस्तार के लिए अपना योगदान दिया।

यह पुस्तक उन विद्यार्थियों, युवाओं और नागरिकों को भी समर्पित है जो ज्ञान, शिक्षा और संवैधानिक जागरूकता को परिवर्तन की सबसे बड़ी शक्ति मानते हैं तथा अपने अधिकारों और कर्तव्यों को समझकर एक बेहतर भारत के निर्माण में योगदान देना चाहते हैं।

*समानता के लिए,*
*न्याय के लिए,*
*गरिमा के लिए,*
*और सशक्तिकरण के लिए।*

# क्रम-सूची

# प्रेरणास्रोत

*डॉ. कैलाश जाटव (अध्यक्ष, अनुसूचित जाति आयोग मध्य प्रदेश राज्य)*

सामाजिक न्याय, संवैधानिक मूल्यों और वंचित वर्गों के अधिकारों के संरक्षण के प्रति समर्पित नेतृत्व को सम्मानपूर्वक समर्पित।

डॉ. कैलाश जाटव ने मध्य प्रदेश राज्य अनुसूचित जाति आयोग के अध्यक्ष के रूप में कार्य करते हुए सामाजिक न्याय, संवैधानिक जागरूकता और नागरिक अधिकारों से जुड़े विषयों को संस्थागत स्तर पर सुदृढ़ बनाने की दिशा में

महत्वपूर्ण योगदान दिया है।

यह पुस्तक संविधान, अधिकारों, अवसरों और सशक्तिकरण की समझ को जनसामान्य तक पहुँचाने का एक विनम्र प्रयास है। इसी भावना के साथ यह सम्मान पृष्ठ ***श्री डॉ. कैलाश जाटव जी*** को समर्पित है, जिनकी सार्वजनिक भूमिका सामाजिक न्याय और संवैधानिक संरक्षण की भावना को आगे बढ़ाने से जुड़ी रही है।

***न्याय, समानता और मानव गरिमा के संवैधानिक आदर्शों के प्रति सम्मान सहित।***

*भारत के लोगों के लिए...*
*जिन्हें डॉ.अंबेडकर ने इतना कुछ दिया,*
*कि हम अभी तक उसकी पूरी कद्र नहीं कर पाए हैं।*

# भूमिका

लोकतंत्र की वास्तविक शक्ति केवल उसके कानूनों, संस्थाओं या चुनावों में नहीं, बल्कि उसके नागरिकों की जागरूकता में निहित होती है। जब नागरिक अपने अधिकारों, कर्तव्यों और अवसरों को समझते हैं, तभी लोकतंत्र अपने उद्देश्य को पूर्ण रूप से प्राप्त कर पाता है। भारत का संविधान प्रत्येक नागरिक को समानता, स्वतंत्रता, न्याय और गरिमा का आश्वासन देता है। फिर भी आज अनेक लोग उन संवैधानिक प्रावधानों और कानूनी संरक्षणों से पूरी तरह परिचित नहीं हैं जो उनके जीवन को प्रभावित करते हैं।

एक विद्यार्थी और लेखक के रूप में मैंने यह अनुभव किया है कि ज्ञान केवल जानकारी नहीं देता, बल्कि आत्मविश्वास भी प्रदान करता है। जब व्यक्ति अपने अधिकारों को जानता है, तब वह अपने जीवन के निर्णय अधिक समझदारी से ले सकता है और उपलब्ध अवसरों का बेहतर उपयोग कर सकता है। यही विचार इस पुस्तक के लेखन की प्रेरणा बना।

यह पुस्तक विशेष रूप से अनुसूचित जाति (SC), अनुसूचित जनजाति (ST) और अन्य पिछड़ा वर्ग (OBC) समुदायों के अधिकारों, अवसरों और संवैधानिक संरक्षणों को सरल और व्यावहारिक भाषा में प्रस्तुत करने का प्रयास है। इसका उद्देश्य किसी राजनीतिक विचारधारा का समर्थन या विरोध करना नहीं है। यह पुस्तक शिक्षा, जागरूकता और सशक्तिकरण के उद्देश्य से लिखी गई है।

भारतीय संविधान के निर्माण में डॉ. भीमराव रामजी आंबेडकर का योगदान असाधारण है। उनके साथ-साथ महात्मा ज्योतिराव फुले, सावित्रीबाई फुले, बिरसा मुंडा, छत्रपति शाहू महाराज, नारायण गुरु, अय्यंकाली और अनेक समाज सुधारकों ने समानता, शिक्षा और मानव गरिमा के लिए महत्वपूर्ण कार्य किए। उनके विचार और संघर्ष आज भी प्रेरणा के स्रोत हैं।

इस पुस्तक में पाठक संविधान के महत्वपूर्ण अनुच्छेदों, मौलिक अधिकारों, आरक्षण व्यवस्था, कानूनी संरक्षणों, राष्ट्रीय आयोगों, शिक्षा एवं छात्रवृत्ति के अवसरों तथा आर्थिक सशक्तिकरण के विभिन्न साधनों की जानकारी प्राप्त करेंगे। मेरा प्रयास रहा है कि जटिल विषयों को सरल भाषा में प्रस्तुत किया जाए ताकि विद्यार्थी, युवा और सामान्य पाठक भी उन्हें आसानी से समझ सकें।

मेरा विश्वास है कि अधिकारों की जानकारी केवल कानून समझने का विषय नहीं है, बल्कि आत्मसम्मान, आत्मविश्वास और प्रगति का आधार भी है। यदि

यह पुस्तक पाठकों को संविधान को बेहतर ढंग से समझने, अपने अधिकारों के प्रति सजग होने और उपलब्ध अवसरों का लाभ उठाने के लिए प्रेरित कर सके, तो मैं अपने प्रयास को सफल मानूँगा।

आइए, अधिकारों की समझ से सशक्तिकरण की इस यात्रा की शुरुआत करें।

*— Mayankaditya Dinesh Lohiya*

# आमुख

*अधिकार से सशक्तिकरण तक की यात्रा*

कल्पना कीजिए कि किसी व्यक्ति के पास अनेक अधिकार हों, लेकिन उसे उनके बारे में जानकारी ही न हो। क्या वह वास्तव में उन अधिकारों का लाभ उठा पाएगा?

यह प्रश्न केवल एक व्यक्ति का नहीं, बल्कि उन लाखों नागरिकों का है जो संविधान द्वारा प्रदत्त अधिकारों, कानूनी संरक्षणों और उपलब्ध अवसरों के बारे में पूरी जानकारी नहीं रखते। किसी भी लोकतंत्र में अधिकारों का अस्तित्व महत्वपूर्ण है, लेकिन उनसे भी अधिक महत्वपूर्ण है उनकी जानकारी। जिस अधिकार के बारे में नागरिक को पता ही न हो, वह उसके जीवन में परिवर्तन कैसे ला सकता है?

भारत का संविधान केवल कानूनों का संग्रह नहीं है। यह स्वतंत्र भारत के उन आदर्शों का दस्तावेज़ है जो न्याय, समानता, स्वतंत्रता और बंधुत्व पर आधारित हैं। संविधान निर्माताओं ने ऐसे भारत की कल्पना की थी जहाँ प्रत्येक नागरिक को सम्मानपूर्वक जीवन जीने का अवसर मिले और जन्म, जाति, धर्म, भाषा या सामाजिक पृष्ठभूमि उसके भविष्य की सीमाएँ निर्धारित न करें।

इसी उद्देश्य को ध्यान में रखते हुए यह पुस्तक लिखी गई है।

"अधिकार से सशक्तिकरण तक" केवल अधिकारों की सूची प्रस्तुत करने वाली पुस्तक नहीं है। यह एक मार्गदर्शिका है जो पाठकों को यह समझने में सहायता करती है कि संविधान उनके जीवन को किस प्रकार प्रभावित करता है, कौन-से अधिकार उनकी रक्षा करते हैं, कौन-से अवसर उनके लिए उपलब्ध हैं और आवश्यकता पड़ने पर सहायता कहाँ प्राप्त की जा सकती है।

यह पुस्तक विशेष रूप से अनुसूचित जाति (SC), अनुसूचित जनजाति (ST) और अन्य पिछड़ा वर्ग (OBC) समुदायों से संबंधित संवैधानिक प्रावधानों, अधिकारों, अवसरों और संरक्षणों को सरल भाषा में समझाने का प्रयास करती है। साथ ही यह उन सभी भारतीय नागरिकों के लिए उपयोगी है जो संविधान और लोकतांत्रिक मूल्यों को बेहतर ढंग से समझना चाहते हैं।

इस पुस्तक के आगामी अध्यायों में पाठक संविधान के मूल सिद्धांतों, महत्वपूर्ण अनुच्छेदों, आरक्षण व्यवस्था, कानूनी संरक्षणों, राष्ट्रीय आयोगों, शिकायत निवारण तंत्र, शिक्षा एवं छात्रवृत्ति के अवसरों, आर्थिक सशक्तिकरण तथा प्रेरणादायक व्यक्तित्वों के बारे में जानकारी प्राप्त करेंगे। प्रत्येक अध्याय को

इस प्रकार तैयार किया गया है कि पाठक केवल जानकारी प्राप्त न करे, बल्कि उसे अपने जीवन और समाज के संदर्भ में भी समझ सके।

इस पुस्तक का उद्देश्य किसी प्रकार का राजनीतिक मत प्रस्तुत करना नहीं है। इसका उद्देश्य जागरूकता बढ़ाना, संवैधानिक समझ विकसित करना और पाठकों को उपलब्ध अवसरों तथा अधिकारों के प्रति सजग बनाना है। लोकतंत्र तब मजबूत होता है जब नागरिक जागरूक होते हैं, अपने अधिकारों को समझते हैं और अपने कर्तव्यों का भी सम्मान करते हैं।

आज का भारत अनेक संभावनाओं का भारत है। शिक्षा, तकनीक, उद्यमिता और लोकतांत्रिक संस्थाएँ पहले की तुलना में अधिक लोगों तक पहुँच रही हैं। लेकिन अवसरों का लाभ वही व्यक्ति उठा सकता है जो जानकारी रखता हो और अपने अधिकारों के प्रति सचेत हो। इसलिए संवैधानिक साक्षरता केवल कानून जानने का विषय नहीं, बल्कि आत्मविश्वास और प्रगति की आधारशिला है।

यह पुस्तक उसी विश्वास पर आधारित है कि ज्ञान परिवर्तन की पहली सीढ़ी है। जब ज्ञान जागरूकता में बदलता है, जागरूकता आत्मविश्वास को जन्म देती है, और आत्मविश्वास व्यक्ति को सशक्त बनाता है।

आइए, हम इस यात्रा की शुरुआत करें एक ऐसी यात्रा जिसमें अधिकार केवल शब्द नहीं रहते, बल्कि अवसर, सम्मान और सशक्तिकरण का मार्ग बन जाते हैं।

ज्ञान से जागरूकता, जागरूकता से आत्मविश्वास, और आत्मविश्वास से सशक्तिकरण तक यही इस पुस्तक की यात्रा है।

# पावती (स्वीकृति)

इस पुस्तक के लेखन की यात्रा सीखने, चिंतन और निरंतर अध्ययन की यात्रा रही है। इस प्रयास के दौरान अनेक पुस्तकों, शोध सामग्री, आधिकारिक दस्तावेज़ों और विश्वसनीय स्रोतों ने मुझे विषय को बेहतर ढंग से समझने में सहायता प्रदान की। मैं उन सभी विद्वानों, शिक्षकों, शोधकर्ताओं और लेखकों के प्रति अपनी कृतज्ञता व्यक्त करता हूँ जिनके कार्यों ने इस पुस्तक के निर्माण में प्रत्यक्ष या अप्रत्यक्ष रूप से योगदान दिया।

इस पुस्तक की तैयारी के दौरान भारतीय संविधान, आधिकारिक सरकारी दस्तावेज़ों, सार्वजनिक अभिलेखों और अन्य विश्वसनीय संदर्भ स्रोतों का विशेष महत्व रहा है। यद्यपि इस पुस्तक की सामग्री को यथासंभव सटीक और अद्यतन रखने का प्रयास किया गया है, फिर भी किसी कानूनी आवश्यकता या विशिष्ट परिस्थिति में पाठकों को आधिकारिक स्रोतों और विशेषज्ञ सलाह का भी संदर्भ लेना चाहिए।

मैं अपने माता-पिता, श्री दिनेश लोहिया और श्रीमती प्रज्ञा लोहिया, के प्रति विशेष आभार व्यक्त करता हूँ। उनके मार्गदर्शन, प्रोत्साहन, धैर्य और विश्वास ने मुझे निरंतर सीखने और आगे बढ़ने की प्रेरणा दी। इस पुस्तक की यात्रा में उनका सहयोग मेरे लिए अमूल्य रहा है।

मैं अपने छोटे भाई, यथार्थ लोहिया, का भी स्नेहपूर्वक उल्लेख करना चाहता हूँ। उनके नाम का अर्थ है "वास्तविकता", और यह मुझे सदैव स्मरण कराता है कि ज्ञान का वास्तविक उद्देश्य जीवन और समाज की वास्तविकताओं को समझना तथा उनसे सीखना है।

अंत में, मैं अपने पाठकों का हृदय से धन्यवाद करता हूँ। यदि यह पुस्तक आपको अपने अधिकारों, अवसरों और संवैधानिक मूल्यों को बेहतर ढंग से समझने में सहायता करती है, तो यही मेरे लिए सबसे बड़ा पुरस्कार होगा।

सादर,

*Mayankaditya Dinesh Lohiya*

# प्रस्तावना

भारत का संविधान केवल एक कानूनी दस्तावेज़ नहीं है; यह एक ऐसे राष्ट्र की सामूहिक आकांक्षाओं का प्रतीक है जो न्याय, स्वतंत्रता, समानता और बंधुत्व के मूल्यों पर आधारित है। यह प्रत्येक नागरिक को गरिमा के साथ जीवन जीने, अवसर प्राप्त करने और अपने व्यक्तित्व का पूर्ण विकास करने का अधिकार प्रदान करता है।

फिर भी, संविधान में निहित अधिकारों और अवसरों की वास्तविक शक्ति तभी सामने आती है जब नागरिक उनके बारे में जागरूक हों। जानकारी का अभाव अनेक बार लोगों को उन अवसरों और संरक्षणों से दूर कर देता है जो उनके जीवन में सकारात्मक परिवर्तन ला सकते हैं।

इसी विचार ने इस पुस्तक "*अधिकार से सशक्तिकरण तक: एससी, एसटी और ओबीसी समुदायों के अधिकार, अवसर और संवैधानिक सशक्तिकरण*" को लिखने की प्रेरणा दी।

इस पुस्तक का उद्देश्य केवल संवैधानिक प्रावधानों की जानकारी देना नहीं है। इसका उद्देश्य पाठकों को यह समझने में सहायता करना भी है कि अधिकारों की जानकारी, शिक्षा, अवसरों तक पहुँच, संस्थागत संरक्षण और जागरूक नागरिकता मिलकर किस प्रकार वास्तविक सशक्तिकरण का मार्ग प्रशस्त करते हैं।

अनुसूचित जाति, अनुसूचित जनजाति और अन्य पिछड़ा वर्ग भारत की सामाजिक संरचना का महत्वपूर्ण हिस्सा हैं। इन समुदायों ने इतिहास के विभिन्न चरणों में अनेक चुनौतियों का सामना किया है, लेकिन साथ ही उन्होंने शिक्षा, नेतृत्व, सामाजिक परिवर्तन, विज्ञान, प्रशासन, साहित्य और राष्ट्र निर्माण के अनेक क्षेत्रों में उल्लेखनीय योगदान भी दिया है।

इस पुस्तक में हमने संविधान के मूल सिद्धांतों, मौलिक अधिकारों, सामाजिक न्याय, आरक्षण, संवैधानिक संरक्षणों, आयोगों, शिक्षा, छात्रवृत्तियों, रोजगार, आर्थिक सशक्तिकरण, प्रेरणादायक व्यक्तित्वों और सक्रिय नागरिकता जैसे विषयों को सरल एवं व्यवस्थित रूप में प्रस्तुत करने का प्रयास किया है। मेरा प्रयास रहा है कि यह पुस्तक केवल जानकारी का स्रोत न बनकर एक व्यावहारिक मार्गदर्शिका के रूप में भी कार्य करे।

मैं यह भी स्पष्ट करना चाहता हूँ कि इस पुस्तक का उद्देश्य किसी प्रकार का राजनीतिक पक्ष प्रस्तुत करना नहीं है। यह एक शैक्षिक और जागरूकता-आधारित प्रयास है, जिसका केंद्र संविधान, सामाजिक न्याय और नागरिक सशक्तिकरण है। पुस्तक में प्रस्तुत विचारों का उद्देश्य पाठकों को तथ्यात्मक, संतुलित और जिम्मेदार दृष्टिकोण विकसित करने में सहायता करना है।

मेरा विश्वास है कि सशक्तिकरण की शुरुआत ज्ञान से होती है। जब ज्ञान जागरूकता में बदलता है, जागरूकता आत्मविश्वास को जन्म देती है, और आत्मविश्वास व्यक्ति को अवसरों का उपयोग करने तथा समाज में सकारात्मक योगदान देने के लिए प्रेरित करता है।

यदि यह पुस्तक किसी विद्यार्थी को अपने अधिकार समझने में सहायता करे, किसी युवा को शिक्षा और अवसरों के प्रति प्रेरित करे, किसी नागरिक को संवैधानिक मूल्यों के प्रति जागरूक बनाए या किसी पाठक को समाज के प्रति अपनी भूमिका पर पुनर्विचार करने के लिए प्रेरित करे, तो मैं अपने प्रयास को सफल मानूँगा।

आइए, हम संविधान की भावना को समझें, अवसरों का उपयोग करें, जागरूक नागरिक बनें और एक अधिक समान, न्यायपूर्ण तथा सशक्त भारत के निर्माण में अपना योगदान दें।

# भारत का संविधान

प्रस्तावना

**हम,** भारत के लोग, भारत को एक सम्पूर्ण प्रभुत्व-संपन्न समाजवादी पंथनिरपेक्ष लोकतंत्रात्मक गणराज्य बनाने के लिए, तथा उसके समस्त नागरिकों को:

सामाजिक, आर्थिक, और राजनैतिक न्याय; विचार, अभिव्यक्ति, विश्वास, धर्म, और उपासना की स्वतंत्रता;

प्रतिष्ठा और अवसर की समता प्राप्त करने के लिए, तथा उन सब में व्यक्ति की गरिमा और राष्ट्र की एकता और अखंडता सुनिश्चित करने वाली बंधुता बढ़ाने के लिए

दृढ़संकल्प होकर अपनी इस संविधान सभा में आज तारिख २६ नवंबर, १९४९ ई (मिति मार्गशीर्ष शुक्ल सप्तमी, सम्वत दो हजार छह विक्रमी) को एतद्द्वारा इस संविधान को अंगीकृत, अधिनियमित, और आत्मार्पित करते हैं।

# 1

# एससी, एसटी और ओबीसी समुदायों को समझना

*एक पहचान से कहीं अधिक*

सन् 1949 में जब भारत का संविधान अंतिम रूप ले रहा था, तब संविधान सभा के सामने केवल शासन व्यवस्था बनाने का प्रश्न नहीं था। उससे कहीं अधिक महत्वपूर्ण प्रश्न यह था कि क्या भारत ऐसा राष्ट्र बन सकेगा जहाँ प्रत्येक नागरिक को समान सम्मान, अवसर और न्याय प्राप्त हो। सदियों से सामाजिक, शैक्षिक और आर्थिक रूप से पिछड़े रहे अनेक समुदायों की स्थिति संविधान निर्माताओं के लिए विशेष चिंता का विषय थी।

स्वतंत्र भारत के निर्माण के समय यह स्पष्ट था कि सभी नागरिकों को समान अधिकार देना आवश्यक है, लेकिन केवल अधिकारों की घोषणा कर देना पर्याप्त नहीं होगा। ऐसे समुदायों के लिए विशेष संवैधानिक प्रावधानों और अवसरों की भी आवश्यकता थी, जिन्हें ऐतिहासिक रूप से अनेक चुनौतियों का सामना करना पड़ा था। इसी सोच ने आगे चलकर अनुसूचित जाति (SC), अनुसूचित जनजाति (ST) और अन्य पिछड़ा वर्ग (OBC) से संबंधित नीतियों और प्रावधानों की आधारशिला रखी।

आज भारत में करोड़ों लोग इन समुदायों से संबंधित हैं। फिर भी बहुत से लोग यह नहीं जानते कि इन श्रेणियों का अर्थ क्या है, इन्हें संवैधानिक मान्यता कैसे

मिली, और इनसे जुड़े अधिकार एवं अवसर क्या हैं। इस अध्याय का उद्देश्य इन्हीं प्रश्नों का सरल और तथ्यात्मक उत्तर देना है।

एससी, एसटी और ओबीसी क्या हैं?

भारतीय संविधान में कुछ समुदायों को उनकी ऐतिहासिक, सामाजिक और शैक्षिक परिस्थितियों के आधार पर विशेष रूप से पहचाना गया है। इन समुदायों को व्यापक रूप से तीन श्रेणियों में समझा जाता है:

**अनुसूचित जाति (Scheduled Castes – SC)**

अनुसूचित जातियाँ वे समुदाय हैं जिन्हें इतिहास में सामाजिक भेदभाव, बहिष्कार और असमानता जैसी परिस्थितियों का सामना करना पड़ा। संविधान ने ऐसे समुदायों की पहचान कर उनके संरक्षण, प्रतिनिधित्व और उन्नति के लिए विशेष प्रावधान किए।

भारत के संविधान का अनुच्छेद 341 अनुसूचित जातियों की अधिसूचना से संबंधित है। राष्ट्रपति, संबंधित राज्य या केंद्रशासित प्रदेश के संदर्भ में अनुसूचित जातियों की सूची अधिसूचित करते हैं, और संसद आवश्यकता पड़ने पर उसमें संशोधन कर सकती है।

**अनुसूचित जनजाति (Scheduled Tribes – ST)**

अनुसूचित जनजातियाँ वे समुदाय हैं जिनकी विशिष्ट सांस्कृतिक, सामाजिक और ऐतिहासिक पहचान रही है। भारत के विभिन्न क्षेत्रों, विशेषकर वन, पहाड़ी और दूरस्थ क्षेत्रों में रहने वाले अनेक जनजातीय समुदायों को अनुसूचित जनजाति के रूप में मान्यता प्राप्त है।

संविधान का अनुच्छेद 342 अनुसूचित जनजातियों की अधिसूचना से संबंधित है। इन समुदायों के शैक्षिक, आर्थिक और सामाजिक विकास के लिए विभिन्न संवैधानिक और नीतिगत प्रावधान किए गए हैं।

**अन्य पिछड़ा वर्ग (Other Backward Classes – OBC)**

अन्य पिछड़ा वर्ग उन समुदायों को संदर्भित करता है जिन्हें सामाजिक और शैक्षिक दृष्टि से पिछड़ा माना गया है। OBC की अवधारणा का उद्देश्य ऐसे समुदायों को अवसरों तक बेहतर पहुँच प्रदान करना है ताकि वे समाज की मुख्यधारा में अधिक प्रभावी रूप से भाग ले सकें।

अन्य पिछड़े वर्गों से संबंधित नीतियों के विकास में अनुच्छेद 340 महत्वपूर्ण भूमिका निभाता है, जो पिछड़े वर्गों की स्थिति का अध्ययन करने और उनके उत्थान के लिए आयोगों की नियुक्ति का प्रावधान करता है।

**एक महत्वपूर्ण बात**

SC, ST और OBC केवल प्रशासनिक या कानूनी श्रेणियाँ नहीं हैं। इनके पीछे भारत का एक लंबा सामाजिक, ऐतिहासिक और संवैधानिक अनुभव जुड़ा हुआ है। इन श्रेणियों का उद्देश्य किसी व्यक्ति की पहचान को सीमित करना नहीं, बल्कि उन परिस्थितियों को समझना है जिनके आधार पर समान अवसर सुनिश्चित करने के प्रयास किए गए।

इसी कारण संविधान केवल समानता की बात नहीं करता, बल्कि ऐसी व्यवस्थाओं की भी अनुमति देता है जो वास्तविक और सार्थक समानता स्थापित करने में सहायता करें।

(अध्याय जारी रहेगा...)

**समानता और विशेष प्रावधान: क्या दोनों एक साथ संभव हैं?**

भारतीय संविधान का एक मूल सिद्धांत है समानता। संविधान का ***अनुच्छेद 14*** सभी व्यक्तियों को कानून के समक्ष समानता और कानूनों के समान संरक्षण का अधिकार प्रदान करता है। पहली दृष्टि में यह प्रश्न उठ सकता है कि यदि सभी नागरिक समान हैं, तो फिर कुछ समुदायों के लिए विशेष प्रावधानों की आवश्यकता क्यों पड़ी?

**इस प्रश्न का उत्तर समझने के लिए हमें समानता और अवसर की वास्तविकता को समझना होगा।**

कल्पना कीजिए कि दो विद्यार्थी एक ही परीक्षा में बैठते हैं। दोनों को समान प्रश्नपत्र दिया जाता है। लेकिन यदि उनमें से एक को बेहतर शिक्षा, संसाधन और अवसर मिले हों, जबकि दूसरे को लंबे समय तक सामाजिक, शैक्षिक या आर्थिक कठिनाइयों का सामना करना पड़ा हो, तो क्या केवल समान प्रश्नपत्र दे देना वास्तविक समानता कहलाएगा?

संविधान निर्माताओं ने इसी चुनौती को पहचाना। उनका मानना था कि केवल औपचारिक समानता पर्याप्त नहीं है; अवसरों की समानता भी आवश्यक है। इसी कारण संविधान कुछ परिस्थितियों में ऐसे विशेष प्रावधानों की अनुमति देता है जिनका उद्देश्य किसी समूह को विशेषाधिकार देना नहीं, बल्कि उन्हें समान अवसरों तक पहुँचने में सहायता प्रदान करना है।

उदाहरण के लिए, ***अनुच्छेद 15(4)*** और ***अनुच्छेद 16(4)*** राज्य को सामाजिक और शैक्षिक रूप से पिछड़े वर्गों तथा अनुसूचित जातियों और अनुसूचित जनजातियों के हित में विशेष प्रावधान करने की अनुमति देते हैं। यही संवैधानिक आधार आगे चलकर शिक्षा, प्रतिनिधित्व और रोजगार से संबंधित विभिन्न नीतियों का आधार बना।

इस प्रकार, समानता और विशेष प्रावधान एक-दूसरे के विरोधी नहीं हैं। संविधान की दृष्टि में दोनों का उद्देश्य एक ही है ऐसा समाज बनाना जहाँ प्रत्येक नागरिक को अपनी क्षमता विकसित करने का निष्पक्ष अवसर प्राप्त हो।

**कौन तय करता है कि कौन-सा समुदाय SC, ST या OBC है?**

कई लोगों के मन में यह प्रश्न होता है कि किसी समुदाय को अनुसूचित जाति (SC), अनुसूचित जनजाति (ST) या अन्य पिछड़ा वर्ग (OBC) के रूप में कौन मान्यता देता है। क्या कोई समुदाय स्वयं को इन श्रेणियों में शामिल घोषित कर सकता है? इसका उत्तर है नहीं।

भारत में इन श्रेणियों की मान्यता एक संवैधानिक और कानूनी प्रक्रिया के माध्यम से निर्धारित की जाती है।

अनुसूचित जातियों (SC) के संबंध में **अनुच्छेद 341** तथा अनुसूचित जनजातियों (ST) के संबंध में ***अनुच्छेद 342*** महत्वपूर्ण हैं। इन अनुच्छेदों के अनुसार भारत के राष्ट्रपति, संबंधित राज्य या केंद्रशासित प्रदेश के संदर्भ में समुदायों की सूची अधिसूचित करते हैं। इन सूचियों में कोई परिवर्तन केवल संसद द्वारा किया जा सकता है।

अन्य पिछड़ा वर्ग (OBC) के मामले में प्रक्रिया कुछ भिन्न है। संविधान का अनुच्छेद 340 पिछड़े वर्गों की स्थिति का अध्ययन करने और उनके उत्थान के लिए आयोगों की नियुक्ति का प्रावधान करता है। समय-समय पर गठित आयोगों और सरकारी संस्थाओं की सिफारिशों के आधार पर OBC समुदायों की पहचान और सूची तैयार की जाती है।

यह समझना महत्वपूर्ण है कि किसी समुदाय की मान्यता केवल सामाजिक पहचान के आधार पर नहीं होती। इसके लिए ऐतिहासिक, सामाजिक, शैक्षिक और अन्य प्रासंगिक तथ्यों का अध्ययन किया जाता है। यही कारण है कि यह प्रक्रिया विस्तृत और विधिक रूप से नियंत्रित होती है।

इस व्यवस्था का उद्देश्य यह सुनिश्चित करना है कि संवैधानिक लाभ और संरक्षण उन समुदायों तक पहुँचें जिनके लिए वे निर्धारित किए गए हैं।

***केंद्रीय सूची और राज्य सूची में क्या अंतर है?***

भारत एक विशाल और विविधतापूर्ण देश है। विभिन्न राज्यों की सामाजिक, सांस्कृतिक और ऐतिहासिक परिस्थितियाँ एक-दूसरे से भिन्न रही हैं। इसी कारण SC, ST और OBC समुदायों से संबंधित सभी सूचियाँ पूरे देश में हमेशा समान नहीं होतीं।

*अनुसूचित जातियों (SC)* और *अनुसूचित जनजातियों (ST)* की मान्यता संबंधित राज्य या केंद्रशासित प्रदेश के संदर्भ में निर्धारित की जाती है। इसका अर्थ यह है कि कोई समुदाय एक राज्य में अनुसूचित जाति या अनुसूचित जनजाति के रूप में मान्यता प्राप्त हो सकता है, जबकि किसी दूसरे राज्य में उसकी स्थिति भिन्न हो सकती है।

अन्य पिछड़ा वर्ग (OBC) के मामले में यह अंतर और अधिक स्पष्ट दिखाई देता है। भारत में केंद्रीय OBC सूची और राज्य OBC सूची दोनों हो सकती हैं। किसी समुदाय का नाम केंद्रीय सूची में हो सकता है, राज्य सूची में हो सकता है, या कुछ परिस्थितियों में दोनों में भी हो सकता है।

उदाहरण के लिए, यदि कोई छात्र किसी केंद्रीय विश्वविद्यालय या केंद्र सरकार की संस्था में प्रवेश या अवसर प्राप्त करना चाहता है, तो वहाँ केंद्रीय सूची का महत्व हो सकता है। दूसरी ओर, राज्य सरकार की योजनाओं, शैक्षिक संस्थानों या सेवाओं के लिए राज्य सूची प्रासंगिक हो सकती है।

इसी कारण नागरिकों के लिए यह जानना आवश्यक है कि उनके समुदाय की स्थिति संबंधित राज्य और केंद्रीय स्तर पर क्या है। आधिकारिक और अद्यतन जानकारी हमेशा सरकारी अधिसूचनाओं तथा सक्षम प्राधिकारियों से प्राप्त की जानी चाहिए।

यह व्यवस्था भारत की विविधता को ध्यान में रखते हुए बनाई गई है ताकि विभिन्न क्षेत्रों की सामाजिक वास्तविकताओं के अनुसार नीतियाँ प्रभावी रूप से लागू की जा सकें।

**यह वर्गीकरण आज क्यों महत्वपूर्ण है?**

कुछ लोगों के मन में यह प्रश्न आ सकता है कि यदि SC, ST और OBC श्रेणियों की उत्पत्ति ऐतिहासिक और सामाजिक परिस्थितियों से जुड़ी है, तो आज के समय में इनकी प्रासंगिकता क्या है। इस प्रश्न का उत्तर समझना महत्वपूर्ण है क्योंकि इन श्रेणियों का संबंध केवल पहचान से नहीं, बल्कि अवसरों, प्रतिनिधित्व और संवैधानिक संरक्षणों से भी है।

आज भारत में अनेक शैक्षिक, सामाजिक और आर्थिक योजनाएँ ऐसे समुदायों के विकास को ध्यान में रखकर बनाई जाती हैं जिन्हें ऐतिहासिक रूप से विभिन्न चुनौतियों का सामना करना पड़ा है। छात्रवृत्तियाँ, छात्रावास सुविधाएँ, कौशल विकास कार्यक्रम, शैक्षिक सहायता योजनाएँ तथा विभिन्न सरकारी पहलें इसी व्यापक उद्देश्य का हिस्सा हैं।

इसके अतिरिक्त, संविधान कुछ परिस्थितियों में शिक्षा और सार्वजनिक रोजगार में विशेष प्रावधानों की अनुमति देता है ताकि अवसरों तक अधिक न्यायसंगत पहुँच सुनिश्चित की जा सके। राजनीतिक प्रतिनिधित्व और विभिन्न संस्थागत व्यवस्थाएँ भी इस व्यापक संवैधानिक दृष्टिकोण का हिस्सा हैं।

इन श्रेणियों का महत्व केवल सरकारी योजनाओं तक सीमित नहीं है। इनके माध्यम से नागरिक अपने अधिकारों, उपलब्ध अवसरों और कानूनी संरक्षणों के बारे में अधिक स्पष्ट समझ विकसित कर सकते हैं। यही कारण है कि SC, ST और OBC समुदायों से संबंधित संवैधानिक प्रावधानों की जानकारी प्रत्येक नागरिक के लिए उपयोगी है।

इस पुस्तक के आगामी अध्यायों में हम विस्तार से देखेंगे कि शिक्षा, रोजगार, आरक्षण, छात्रवृत्तियों, कानूनी संरक्षणों और विभिन्न संस्थागत व्यवस्थाओं में इन प्रावधानों की क्या भूमिका है।

**एक व्यावहारिक उदाहरण**

कल्पना कीजिए कि एक विद्यार्थी, जिसका नाम आरव है, उच्च शिक्षा प्राप्त करना चाहता है। वह एक ऐसे समुदाय से संबंधित है जिसे OBC के रूप में मान्यता प्राप्त है। अपनी पढ़ाई के दौरान उसे आर्थिक कठिनाइयों का सामना करना पड़ता है, जिससे उसकी शिक्षा प्रभावित होने लगती है।

विद्यालय के एक शिक्षक उसे बताते हैं कि विभिन्न सरकारी छात्रवृत्ति योजनाएँ और शैक्षिक सहायता कार्यक्रम उपलब्ध हैं, जिनका लाभ पात्र विद्यार्थी प्राप्त कर सकते हैं। आवश्यक दस्तावेज़ों और पात्रता शर्तों को पूरा करने के बाद आरव छात्रवृत्ति के लिए आवेदन करता है और उसे आर्थिक सहायता प्राप्त होती है। इससे वह अपनी पढ़ाई जारी रख पाता है और अपने शैक्षिक लक्ष्यों की ओर आगे बढ़ता है।

यह उदाहरण केवल एक व्यक्ति की कहानी नहीं है। देशभर में अनेक विद्यार्थी शिक्षा, छात्रवृत्तियों, छात्रावास सुविधाओं, कौशल विकास कार्यक्रमों और अन्य अवसरों का लाभ प्राप्त करते हैं। इन अवसरों तक पहुँच के लिए अधिकारों, पात्रता मानदंडों और उपलब्ध योजनाओं की जानकारी होना अत्यंत महत्वपूर्ण है।

इस उदाहरण का उद्देश्य यह दिखाना है कि संवैधानिक प्रावधानों और सरकारी नीतियों की जानकारी केवल सैद्धांतिक विषय नहीं है; यह कई लोगों के जीवन में वास्तविक और सकारात्मक परिवर्तन ला सकती है।

# कुछ सामान्य भ्रांतियाँ

**SC, ST और OBC समुदायों के बारे में समाज में कई गलत धारणाएँ प्रचलित हैं। सही जानकारी के लिए इन भ्रांतियों को समझना और दूर करना आवश्यक है।**

### 1 भ्रांति 1: SC, ST और OBC एक ही श्रेणी हैं

**सच्चाई:** SC, ST और OBC तीन अलग-अलग श्रेणियाँ हैं। इनका इतिहास, सामाजिक स्थिति और संवैधानिक आधार अलग-अलग है। इसलिए इनके लिए अलग नीतियाँ और प्रावधान हो सकते हैं।

### 2 भ्रांति 2: ये श्रेणियाँ पूरे भारत में हर जगह समान हैं

**सच्चाई:** किसी समुदाय की SC, ST या OBC के रूप में मान्यता राज्य और केंद्र सरकार की सूची में अलग हो सकती है। इसलिए हमेशा आधिकारिक और नई जानकारी देखनी चाहिए।

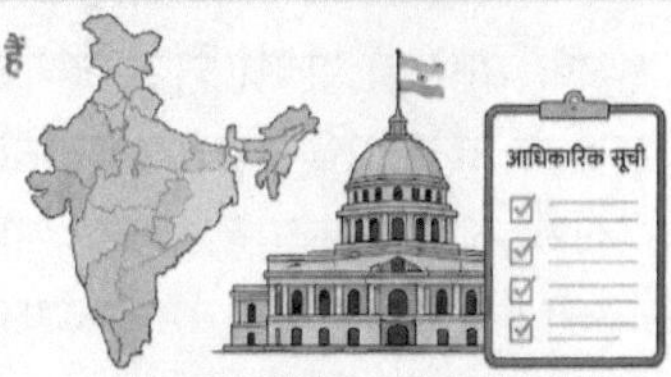


### 3 भ्रांति 3: संवैधानिक प्रावधान विशेष सुविधाएँ देने के लिए बनाए गए हैं

**सच्चाई:** इन प्रावधानों का उद्देश्य उन लोगों को समान अवसर देना है जिन्होंनें लंबे समय तक सामाजिक और शैक्षिक कठिनाइयों का सामना किया है। इनका लक्ष्य अधिक न्यायपूर्ण समाज बनाना है।

### 4 भ्रांति 4: सशक्तिकरण केवल सरकार के माध्यम से होता है

**सच्चाई:** शिक्षा, कौशल, जागरूकता, मेहनत और उपलब्ध अवसरों का सही उपयोग भी सशक्तिकरण के महत्वपूर्ण साधन हैं।

### 5 भ्रांति 5: अधिकारों की जानकारी केवल वकीलों या विशेषज्ञों के लिए जरूरी है

**सच्चाई:** अपने अधिकारों, अवसरों और संवैधानिक प्रावधानों की बुनियादी जानकारी हर नागरिक के लिए उपयोगी और आवश्यक है।

**मुख्य संदेश:** सही जानकारी और जागरूकता ही भ्रांतियों को दूर कर सकती है तथा एक अधिक न्यायपूर्ण और समावेशी समाज के निर्माण में मदद करती है।

### आज के भारत में इसकी प्रासंगिकता

इक्कीसवीं सदी का भारत तीव्र परिवर्तन के दौर से गुजर रहा है। शिक्षा, तकनीक, डिजिटल सेवाएँ, उद्यमिता और नई आर्थिक संभावनाएँ पहले की तुलना में अधिक लोगों तक पहुँच रही हैं। ऐसे समय में SC, ST और OBC समुदायों से संबंधित संवैधानिक प्रावधानों को समझना केवल एक शैक्षणिक विषय नहीं, बल्कि व्यावहारिक महत्व का विषय है।

आज लाखों विद्यार्थी छात्रवृत्तियों, शैक्षिक सहायता कार्यक्रमों, कौशल विकास योजनाओं और विभिन्न अवसरों का लाभ प्राप्त कर रहे हैं। अनेक युवा उच्च शिक्षा, प्रतियोगी परीक्षाओं, सरकारी सेवाओं, निजी क्षेत्र, उद्यमिता और सामाजिक नेतृत्व के क्षेत्रों में अपनी पहचान बना रहे हैं। इन अवसरों तक प्रभावी पहुँच के लिए उपलब्ध प्रावधानों और प्रक्रियाओं की जानकारी होना आवश्यक है।

इसके साथ ही संवैधानिक जागरूकता नागरिकों को अपने अधिकारों और कर्तव्यों के प्रति अधिक सजग बनाती है। एक जागरूक नागरिक न केवल अपने अधिकारों को समझता है, बल्कि लोकतांत्रिक मूल्यों, सामाजिक सद्भाव और समानता के महत्व को भी बेहतर ढंग से समझता है।

यह भी महत्वपूर्ण है कि SC, ST और OBC समुदायों से संबंधित विषयों को केवल अतीत के संदर्भ में न देखा जाए। आज इनका संबंध शिक्षा, प्रतिनिधित्व, अवसरों, सामाजिक भागीदारी और समावेशी विकास से भी है। इसलिए इन श्रेणियों की समझ आधुनिक भारत की सामाजिक और संवैधानिक संरचना को समझने का एक महत्वपूर्ण माध्यम है।

इस अध्याय का उद्देश्य किसी निष्कर्ष को थोपना नहीं, बल्कि पाठकों को तथ्यात्मक और संवैधानिक जानकारी प्रदान करना है। जब नागरिक जानकारी के आधार पर अपने अधिकारों, अवसरों और जिम्मेदारियों को समझते हैं, तभी लोकतंत्र अधिक मजबूत और समावेशी बनता है।

### मुख्य बिंदु

- अनुसूचित जाति (SC), अनुसूचित जनजाति (ST) और अन्य पिछड़ा वर्ग (OBC) भारत की महत्वपूर्ण संवैधानिक और नीतिगत श्रेणियाँ हैं।
- SC और ST समुदायों की मान्यता क्रमशः संविधान के अनुच्छेद 341 और 342 के अंतर्गत की जाती है।
- OBC समुदायों से संबंधित नीतियों के विकास में अनुच्छेद 340 महत्वपूर्ण भूमिका निभाता है।

- संविधान केवल औपचारिक समानता ही नहीं, बल्कि अवसरों की समानता को भी महत्व देता है।
- केंद्रीय और राज्य स्तर की सूचियाँ अलग-अलग हो सकती हैं, इसलिए आधिकारिक जानकारी की पुष्टि करना आवश्यक है।
- संवैधानिक प्रावधानों की जानकारी शिक्षा, अवसरों, प्रतिनिधित्व और कानूनी संरक्षणों को समझने में सहायता करती है।
- जागरूकता, शिक्षा और संवैधानिक समझ सशक्तिकरण की महत्वपूर्ण आधारशिलाएँ हैं।

### चिंतन के प्रश्न

1. केवल समान अधिकार प्रदान कर देना और समान अवसर सुनिश्चित करना—इन दोनों में क्या अंतर है?
2. SC, ST और OBC श्रेणियों की संवैधानिक मान्यता का उद्देश्य क्या है?
3. आपके विचार में संवैधानिक जागरूकता किसी व्यक्ति के जीवन को किस प्रकार प्रभावित कर सकती है?
4. केंद्रीय सूची और राज्य सूची के बीच अंतर को समझना क्यों महत्वपूर्ण है?
5. शिक्षा और जागरूकता सशक्तिकरण की प्रक्रिया में क्या भूमिका निभाती हैं?

### संदर्भ


- भारत का संविधान, अनुच्छेद 14
- भारत का संविधान, अनुच्छेद 15(4)
- भारत का संविधान, अनुच्छेद 16(4)
- भारत का संविधान, अनुच्छेद 340
- भारत का संविधान, अनुच्छेद 341
- भारत का संविधान, अनुच्छेद 342
- भारत सरकार द्वारा प्रकाशित आधिकारिक संवैधानिक एवं विधिक दस्तावेज़
- भारत सरकार एवं संबंधित वैधानिक संस्थाओं की सार्वजनिक जानकारी

# 2

# संविधान और समानता का वादा

### एक नए भारत की शुरुआत

*26 नवंबर 1949* का दिन भारतीय इतिहास में एक ऐतिहासिक क्षण के रूप में दर्ज है। इसी दिन संविधान सभा ने भारत के संविधान को अंगीकृत, अधिनियमित और आत्मार्पित किया। यह केवल एक कानूनी दस्तावेज़ को स्वीकार करने का अवसर नहीं था, बल्कि एक नए भारत की दिशा निर्धारित करने का क्षण था।

स्वतंत्रता प्राप्ति के समय भारत अनेक चुनौतियों का सामना कर रहा था। देश को औपनिवेशिक शासन की विरासत, आर्थिक कठिनाइयों, सामाजिक असमानताओं और विकास की विशाल चुनौतियों से जूझना पड़ रहा था। संविधान निर्माताओं के सामने प्रश्न केवल शासन की व्यवस्था स्थापित करने का नहीं था, बल्कि ऐसा लोकतांत्रिक ढाँचा बनाने का था जो प्रत्येक नागरिक को सम्मान, अवसर और न्याय प्रदान कर सके।

इसी सोच के साथ भारतीय संविधान का निर्माण किया गया। संविधान ने यह स्पष्ट किया कि भारत केवल राजनीतिक रूप से स्वतंत्र राष्ट्र नहीं होगा, बल्कि ऐसा लोकतंत्र बनेगा जहाँ कानून के समक्ष सभी समान होंगे और प्रत्येक नागरिक की गरिमा का सम्मान किया जाएगा।

आज जब हम संविधान की बात करते हैं, तो हमें यह समझना चाहिए कि यह केवल सरकारों के लिए निर्देशों का संग्रह नहीं है। यह नागरिकों के अधिकारों, स्वतंत्रताओं और अवसरों की रक्षा करने वाला दस्तावेज़ भी है। इसी कारण संविधान को अक्सर भारत के लोकतांत्रिक जीवन की आधारशिला कहा जाता है।

**एक नए भारत का सपना**

संविधान निर्माताओं ने ऐसे भारत की कल्पना की थी जहाँ किसी व्यक्ति का भविष्य केवल उसके जन्म, जाति, धर्म, लिंग या सामाजिक पृष्ठभूमि से निर्धारित न हो। उनका विश्वास था कि प्रत्येक नागरिक को अपनी क्षमता विकसित करने और समाज में सम्मानपूर्वक जीवन जीने का अवसर मिलना चाहिए।

हालाँकि स्वतंत्रता के समय भारत में सामाजिक और आर्थिक असमानताएँ गहरी थीं। शिक्षा तक पहुँच सीमित थी, अनेक समुदाय विकास की मुख्यधारा से दूर थे और अवसर सभी के लिए समान रूप से उपलब्ध नहीं थे। ऐसी परिस्थितियों में केवल राजनीतिक स्वतंत्रता पर्याप्त नहीं थी। आवश्यक था कि नागरिकों को संवैधानिक रूप से संरक्षित अधिकार भी प्राप्त हों।

इसी आवश्यकता ने समानता, स्वतंत्रता, न्याय और बंधुत्व जैसे मूल्यों को संविधान के केंद्र में स्थापित किया। ये केवल आदर्श नहीं थे, बल्कि नए भारत के निर्माण के मार्गदर्शक सिद्धांत थे।

**संविधान की प्रस्तावना: भारत का नैतिक कम्पास**

किसी भी संविधान की आत्मा उसके मूल उद्देश्यों में दिखाई देती है। भारत के संविधान की प्रस्तावना उन मूल्यों को व्यक्त करती है जिन पर भारतीय गणराज्य की नींव रखी गई है।

प्रस्तावना में भारत को एक संप्रभु, समाजवादी, धर्मनिरपेक्ष, लोकतांत्रिक गणराज्य के रूप में वर्णित किया गया है और सभी नागरिकों के लिए न्याय, स्वतंत्रता, समानता तथा बंधुत्व सुनिश्चित करने की प्रतिबद्धता व्यक्त की गई है।

- *न्याय (Justice)*

न्याय का अर्थ केवल न्यायालयों तक सीमित नहीं है। संविधान सामाजिक, आर्थिक और राजनीतिक न्याय की बात करता है। इसका उद्देश्य ऐसा समाज बनाना है जहाँ प्रत्येक व्यक्ति को निष्पक्ष अवसर प्राप्त हो।

- *स्वतंत्रता (Liberty)*

स्वतंत्रता नागरिकों को विचार, अभिव्यक्ति, विश्वास, धर्म और उपासना की स्वतंत्रता प्रदान करती है। लोकतंत्र तभी मजबूत होता है जब नागरिक स्वतंत्र रूप

से सोच और अपनी बात रख सकें।

- *समानता* **(*Equality*)**

समानता संविधान के सबसे महत्वपूर्ण मूल्यों में से एक है। इसका अर्थ यह है कि सभी नागरिक कानून के समक्ष समान हैं और उन्हें समान अवसर प्राप्त होने चाहिए।

- *बंधुत्व* **(*Fraternity*)**

**समानता का वादा व्यवहार में कैसे दिखाई देता है?**

समानता केवल एक आदर्श नहीं है, बल्कि यह नागरिकों के दैनिक जीवन से जुड़ा हुआ सिद्धांत है। जब किसी विद्यार्थी को शिक्षा प्राप्त करने का अवसर मिलता है, जब किसी नागरिक को कानून के समक्ष समान संरक्षण मिलता है, या जब किसी व्यक्ति को केवल उसकी जाति, धर्म या पृष्ठभूमि के आधार पर अवसरों से वंचित नहीं किया जाता, तब संविधान की समानता की भावना व्यवहार में दिखाई देती है।

इसी सिद्धांत के आधार पर संविधान ऐसे प्रावधानों की भी अनुमति देता है जिनका उद्देश्य ऐतिहासिक रूप से वंचित समुदायों को अवसरों तक बेहतर पहुँच प्रदान करना है। आगे के अध्यायों में हम देखेंगे कि समानता का यह विचार किस प्रकार विभिन्न संवैधानिक प्रावधानों, नीतियों और संस्थागत व्यवस्थाओं में दिखाई देता है।

**सोचिए**

यदि दो विद्यार्थियों को एक ही परीक्षा देनी हो, लेकिन उनमें से एक के पास अच्छी शिक्षा, पुस्तकें और संसाधन उपलब्ध हों जबकि दूसरे के पास ये सुविधाएँ न हों, तो क्या केवल समान नियम पर्याप्त होंगे?

संविधान निर्माताओं ने भी इसी प्रकार के प्रश्नों पर विचार किया था। उनका उद्देश्य केवल कानूनी समानता सुनिश्चित करना नहीं था, बल्कि अवसरों की समानता को भी बढ़ावा देना था।

बंधुत्व का अर्थ है परस्पर सम्मान, सामाजिक सद्भाव और राष्ट्रीय एकता की भावना। संविधान निर्माताओं का मानना था कि केवल कानूनों से नहीं, बल्कि सामाजिक सहयोग और आपसी सम्मान से भी एक मजबूत राष्ट्र का निर्माण होता

है।

प्रस्तावना केवल एक परिचय नहीं है। यह भारतीय संविधान की दिशा, उद्देश्य और मूल भावना को समझने की कुंजी है। आने वाले अनुच्छेद और अधिकार इन्हीं मूल्यों को व्यवहारिक रूप देते हैं।

**समानता का क्या अर्थ है?**

समानता भारतीय संविधान के सबसे महत्वपूर्ण मूल्यों में से एक है। लेकिन समानता का अर्थ यह नहीं है कि सभी लोगों की परिस्थितियाँ, क्षमताएँ या जीवन अनुभव बिल्कुल समान हों। समानता का वास्तविक अर्थ यह है कि प्रत्येक व्यक्ति को सम्मान, न्याय और अवसरों के संदर्भ में निष्पक्ष व्यवहार प्राप्त हो।

लोकतांत्रिक समाज में समानता का सिद्धांत यह सुनिश्चित करता है कि किसी व्यक्ति के साथ केवल उसकी जाति, धर्म, लिंग, भाषा, जन्मस्थान या सामाजिक पृष्ठभूमि के आधार पर अन्यायपूर्ण व्यवहार न किया जाए। संविधान यह स्वीकार करता है कि सभी नागरिक समान गरिमा के अधिकारी हैं और उन्हें अपनी क्षमता विकसित करने का अवसर मिलना चाहिए।

समानता को समझने के लिए इसके तीन महत्वपूर्ण आयामों को जानना उपयोगी है।

- **कानूनी समानता**

कानूनी समानता का अर्थ है कि सभी व्यक्ति कानून के समक्ष समान हैं। किसी व्यक्ति का सामाजिक, आर्थिक या राजनीतिक प्रभाव उसे कानून से ऊपर नहीं बनाता। यही सिद्धांत लोकतंत्र और विधि के शासन की आधारशिला है।

- **सामाजिक समानता**

सामाजिक समानता का उद्देश्य यह सुनिश्चित करना है कि समाज में किसी व्यक्ति को उसकी पहचान के आधार पर अपमान, बहिष्कार या भेदभाव का सामना न करना पड़े। यह केवल कानून का विषय नहीं, बल्कि सामाजिक व्यवहार और मानवीय गरिमा का भी प्रश्न है।

- **अवसरों की समानता**

अवसरों की समानता का अर्थ है कि प्रत्येक व्यक्ति को शिक्षा, रोजगार, नेतृत्व और प्रगति के क्षेत्रों में आगे बढ़ने का उचित अवसर मिले। संविधान निर्माताओं का मानना था कि केवल अधिकार देना पर्याप्त नहीं है; यह भी आवश्यक है कि लोग उन अधिकारों का वास्तविक लाभ प्राप्त कर सकें।

इन्हीं सिद्धांतों को व्यवहारिक रूप देने के लिए संविधान में कई महत्वपूर्ण प्रावधान किए गए हैं। इनमें अनुच्छेद 14, 15, 16 और 17 विशेष रूप से उल्लेखनीय हैं। ये अनुच्छेद समानता की संवैधानिक व्यवस्था की आधारशिला माने जाते हैं।

### अनुच्छेद 14: कानून के समक्ष समानता

भारतीय संविधान का अनुच्छेद 14 सभी व्यक्तियों को कानून के समक्ष समानता और कानूनों के समान संरक्षण का अधिकार प्रदान करता है। यह मौलिक अधिकारों के सबसे महत्वपूर्ण प्रावधानों में से एक है और भारतीय लोकतंत्र की मूल भावना को प्रतिबिंबित करता है।

अनुच्छेद 14 के दो प्रमुख भाग हैं। पहला, कानून के समक्ष समानता (Equality Before Law) और दूसरा, कानूनों का समान संरक्षण (Equal Protection of Laws)।

कानून के समक्ष समानता का अर्थ है कि कोई भी व्यक्ति कानून से ऊपर नहीं है। चाहे वह सामान्य नागरिक हो, सार्वजनिक पद पर आसीन व्यक्ति हो या किसी प्रभावशाली संस्था से जुड़ा हो, सभी पर समान रूप से कानून लागू होता है।

कानूनों का समान संरक्षण यह सुनिश्चित करता है कि समान परिस्थितियों में रहने वाले लोगों के साथ समान व्यवहार किया जाए। साथ ही, जहाँ आवश्यक हो, वहाँ विभिन्न परिस्थितियों में रहने वाले समूहों के लिए उचित और न्यायसंगत प्रावधान भी किए जा सकते हैं।

उदाहरण के लिए, यदि किसी क्षेत्र या समुदाय को विशेष चुनौतियों का सामना करना पड़ रहा हो, तो उनके विकास के लिए बनाई गई नीतियाँ अनुच्छेद 14 की भावना के विरुद्ध नहीं मानी जातीं। इसका उद्देश्य असमानता बढ़ाना नहीं, बल्कि अवसरों तक अधिक न्यायसंगत पहुँच सुनिश्चित करना है।

अनुच्छेद 14 हमें यह याद दिलाता है कि लोकतंत्र की मजबूती केवल अधिकारों की घोषणा में नहीं, बल्कि उनके निष्पक्ष और समान अनुप्रयोग में निहित होती है।

### अनुच्छेद 15: भेदभाव का निषेध

समानता के सिद्धांत को और अधिक स्पष्ट रूप से लागू करने के लिए संविधान का अनुच्छेद 15 राज्य को कुछ विशेष आधारों पर भेदभाव करने से रोकता है। यह प्रावधान भारतीय लोकतंत्र की उस प्रतिबद्धता को दर्शाता है जिसके अनुसार प्रत्येक नागरिक को समान सम्मान और अवसर प्राप्त होने चाहिए।

अनुच्छेद 15 के अनुसार राज्य केवल धर्म, मूलवंश (Race), जाति, लिंग या जन्मस्थान के आधार पर किसी नागरिक के साथ भेदभाव नहीं कर सकता। इसका उद्देश्य यह सुनिश्चित करना है कि नागरिकों को उनकी पहचान के कारण अवसरों, सेवाओं या सुविधाओं से वंचित न किया जाए।

हालाँकि संविधान निर्माताओं ने यह भी समझा कि समाज के कुछ वर्गों को ऐतिहासिक और सामाजिक कारणों से विशेष सहायता की आवश्यकता हो सकती है। इसी कारण अनुच्छेद 15(4) राज्य को सामाजिक और शैक्षिक रूप से पिछड़े वर्गों तथा अनुसूचित जातियों और अनुसूचित जनजातियों के हित में विशेष प्रावधान करने की अनुमति देता है।

यह समझना महत्वपूर्ण है कि अनुच्छेद 15(4) का उद्देश्य समानता के सिद्धांत को कमजोर करना नहीं है। इसके विपरीत, इसका उद्देश्य ऐसे नागरिकों को अवसरों तक बेहतर पहुँच प्रदान करना है जिन्हें लंबे समय तक विभिन्न बाधाओं का सामना करना पड़ा है।

इस प्रकार अनुच्छेद 15 केवल भेदभाव को रोकने का प्रावधान नहीं है, बल्कि यह एक ऐसे समाज की दिशा में भी कदम है जहाँ अवसरों तक पहुँच अधिक न्यायपूर्ण और समावेशी हो।

### अनुच्छेद 16: सार्वजनिक रोजगार में समान अवसर

संविधान का अनुच्छेद 16 सार्वजनिक रोजगार और सरकारी सेवाओं में समान अवसर सुनिश्चित करने से संबंधित है। लोकतंत्र में यह महत्वपूर्ण है कि नागरिकों को योग्यता और पात्रता के आधार पर सार्वजनिक पदों तक पहुँचने का निष्पक्ष अवसर प्राप्त हो।

अनुच्छेद 16 यह सुनिश्चित करता है कि सरकारी रोजगार के मामलों में सभी नागरिकों को समान अवसर प्राप्त हों। इसका उद्देश्य यह है कि किसी व्यक्ति के साथ उसकी सामाजिक या व्यक्तिगत पहचान के आधार पर अन्यायपूर्ण व्यवहार न किया जाए।

साथ ही, संविधान यह भी स्वीकार करता है कि कुछ वर्ग ऐतिहासिक रूप से पर्याप्त प्रतिनिधित्व प्राप्त नहीं कर पाए हैं। इसलिए अनुच्छेद 16(4) राज्य को

ऐसे पिछड़े वर्गों के पक्ष में विशेष प्रावधान करने की अनुमति देता है जो सरकारी सेवाओं में पर्याप्त रूप से प्रतिनिधित्व नहीं रखते।

इस प्रावधान का उद्देश्य किसी को अनुचित लाभ प्रदान करना नहीं है, बल्कि सार्वजनिक संस्थाओं में व्यापक भागीदारी और अवसरों की अधिक न्यायपूर्ण उपलब्धता सुनिश्चित करना है।

अनुच्छेद 16 हमें यह समझने में सहायता करता है कि समान अवसर केवल सिद्धांत नहीं, बल्कि लोकतांत्रिक शासन व्यवस्था का एक आवश्यक तत्व है।

## अनुच्छेद 17: अस्पृश्यता का उन्मूलन

भारतीय संविधान के सबसे ऐतिहासिक और परिवर्तनकारी प्रावधानों में से एक अनुच्छेद 17 है। यह अनुच्छेद अस्पृश्यता (Untouchability) का उन्मूलन करता है और उसके किसी भी रूप के व्यवहार को कानूनन निषिद्ध घोषित करता है।

संविधान के अनुसार:

"अस्पृश्यता का अंत किया जाता है और किसी भी रूप में उसका व्यवहार निषिद्ध होगा।"

यह प्रावधान केवल एक कानूनी घोषणा नहीं था, बल्कि समानता, मानव गरिमा और सामाजिक न्याय के प्रति भारत की प्रतिबद्धता का स्पष्ट संदेश था।

*अनुच्छेद 17 को इतना महत्वपूर्ण क्यों माना जाता है?*

संविधान निर्माताओं का मानना था कि लोकतंत्र केवल राजनीतिक अधिकारों से मजबूत नहीं होता। यदि समाज में कुछ लोगों को उनकी पहचान के कारण अपमान, बहिष्कार या असमान व्यवहार का सामना करना पड़े, तो वास्तविक समानता स्थापित नहीं हो सकती।

इसी कारण अनुच्छेद 17 को मौलिक अधिकारों का हिस्सा बनाया गया। इसका उद्देश्य प्रत्येक नागरिक की गरिमा की रक्षा करना और यह सुनिश्चित करना था कि किसी व्यक्ति के साथ उसकी जाति या सामाजिक पृष्ठभूमि के आधार पर अमानवीय व्यवहार न किया जाए।

**कानून द्वारा संरक्षण**

अनुच्छेद 17 को प्रभावी बनाने के लिए समय-समय पर विभिन्न कानून बनाए गए। इनमें नागरिक अधिकार संरक्षण अधिनियम, 1955 (Protection of Civil Rights Act, 1955) विशेष रूप से महत्वपूर्ण है। इस कानून का उद्देश्य अस्पृश्यता से संबंधित निषिद्ध प्रथाओं के विरुद्ध कानूनी संरक्षण प्रदान करना है।

आगे के अध्यायों में हम उन कानूनों की भी चर्चा करेंगे जो भेदभाव, उत्पीड़न और अन्याय के विरुद्ध नागरिकों को अतिरिक्त संरक्षण प्रदान करते हैं।

**आज के भारत में इसकी प्रासंगिकता**

अनुच्छेद 17 केवल इतिहास का विषय नहीं है। यह आज भी भारतीय संविधान की उस मूल भावना को दर्शाता है जिसके अनुसार प्रत्येक व्यक्ति सम्मान और गरिमा के साथ जीवन जीने का अधिकारी है।

इस अनुच्छेद का महत्व हमें यह याद दिलाता है कि समानता केवल कानून की किताबों में नहीं, बल्कि सामाजिक व्यवहार और मानवीय संबंधों में भी दिखाई देनी चाहिए। जब समाज में सम्मान, गरिमा और समान अवसरों को महत्व दिया जाता है, तब संविधान की भावना वास्तविक रूप से साकार होती है।

**डॉ. आंबेडकर की समानता की दृष्टि**

भारतीय संविधान में समानता के सिद्धांत को समझने के लिए डॉ. भीमराव रामजी आंबेडकर के विचारों को समझना अत्यंत महत्वपूर्ण है। वे केवल संविधान मसौदा समिति के अध्यक्ष ही नहीं थे, बल्कि सामाजिक न्याय, मानव गरिमा और लोकतांत्रिक मूल्यों के प्रबल समर्थक भी थे।

25 नवंबर 1949 को संविधान सभा में अपने अंतिम भाषण के दौरान डॉ. आंबेडकर ने कहा था:

"Political democracy cannot last unless there lies at the base of it social democracy."

("राजनीतिक लोकतंत्र तब तक स्थायी नहीं रह सकता जब तक उसके आधार में सामाजिक लोकतंत्र न हो।")

**इस कथन का संदर्भ**

यह वक्तव्य संविधान को अपनाए जाने से ठीक पहले दिया गया था। डॉ. आंबेडकर का मानना था कि केवल मतदान का अधिकार या राजनीतिक स्वतंत्रता पर्याप्त नहीं है। यदि समाज में सम्मान, समानता और न्याय की भावना मजबूत नहीं होगी, तो लोकतंत्र की नींव कमजोर पड़ सकती है।

**आज के लिए इसका क्या अर्थ है?**

डॉ. आंबेडकर का संदेश आज भी उतना ही प्रासंगिक है जितना संविधान निर्माण के समय था। उन्होंने यह स्पष्ट किया कि लोकतंत्र केवल संस्थाओं का नहीं, बल्कि सामाजिक व्यवहार का भी विषय है। जब नागरिक एक-दूसरे की गरिमा का सम्मान करते हैं, अवसरों की समानता को महत्व देते हैं और भेदभाव के विरुद्ध खड़े होते हैं, तब लोकतंत्र अधिक मजबूत बनता है।

### समानता और गरिमा का संबंध

डॉ. आंबेडकर बार-बार इस बात पर बल देते थे कि किसी भी समाज की प्रगति का मूल्यांकन इस आधार पर किया जाना चाहिए कि वह अपने प्रत्येक सदस्य को कितनी गरिमा और अवसर प्रदान करता है। यही विचार भारतीय संविधान के अनेक प्रावधानों में दिखाई देता है।

इस दृष्टि से समानता केवल एक कानूनी अवधारणा नहीं है; यह मानव गरिमा, सामाजिक सम्मान और लोकतांत्रिक नागरिकता का आधार है।

### समानता और सामाजिक न्याय: क्या अंतर है?

समानता और सामाजिक न्याय ऐसे शब्द हैं जिनका अक्सर एक साथ उल्लेख किया जाता है। यद्यपि दोनों एक-दूसरे से जुड़े हुए हैं, फिर भी उनका अर्थ पूरी तरह समान नहीं है। भारतीय संविधान इन दोनों सिद्धांतों को महत्वपूर्ण मानता है और इनके बीच संतुलन स्थापित करने का प्रयास करता है।

### समानता क्या है?

समानता का मूल विचार यह है कि सभी नागरिक कानून के समक्ष समान हैं और उन्हें समान सम्मान प्राप्त होना चाहिए। किसी व्यक्ति के साथ केवल उसकी जाति, धर्म, लिंग, भाषा या सामाजिक पृष्ठभूमि के आधार पर भेदभाव नहीं किया जाना चाहिए।

उदाहरण के लिए, यदि किसी विद्यालय में प्रवेश के नियम सभी विद्यार्थियों पर समान रूप से लागू होते हैं, तो यह समानता का एक रूप है।

### सामाजिक न्याय क्या है?

सामाजिक न्याय का उद्देश्य यह सुनिश्चित करना है कि समाज के सभी वर्गों को विकास और प्रगति के अवसरों तक न्यायपूर्ण पहुँच प्राप्त हो। यह उन परिस्थितियों को भी ध्यान में रखता है जिनके कारण कुछ समुदायों को ऐतिहासिक रूप से अधिक चुनौतियों का सामना करना पड़ा है।

सामाजिक न्याय का अर्थ किसी को विशेषाधिकार देना नहीं है। इसका उद्देश्य यह सुनिश्चित करना है कि सभी नागरिक अपनी क्षमता विकसित करने और समाज में भागीदारी करने का वास्तविक अवसर प्राप्त कर सकें।

### एक सरल उदाहरण

कल्पना कीजिए कि पाँच विद्यार्थियों को एक ऊँची दीवार के पार देखने के लिए कहा जाए।

यदि सभी को समान ऊँचाई का एक-एक मंच दिया जाए, तो यह समानता का उदाहरण हो सकता है।

लेकिन यदि कुछ विद्‌यार्थी पहले से ही ऊँचे स्थान पर खड़े हों और कुछ बहुत नीचे हों, तो केवल समान मंच देने से सभी को समान दृश्य नहीं मिलेगा। ऐसी स्थिति में आवश्यकता के अनुसार सहायता प्रदान करना सामाजिक न्याय की अवधारणा को समझने में मदद करता है।

**संविधान की दृष्टि**

भारतीय संविधान समानता और सामाजिक न्याय को एक-दूसरे के पूरक सिद्‌धांतों के रूप में देखता है। समानता यह सुनिश्चित करती है कि नागरिकों के साथ निष्पक्ष व्यवहार हो, जबकि सामाजिक न्याय यह सुनिश्चित करने का प्रयास करता है कि अवसरों तक पहुँच अधिक न्यायपूर्ण और समावेशी बने।

इसी कारण संविधान में समानता के अधिकारों के साथ-साथ ऐसे प्रावधान भी शामिल किए गए हैं जिनका उद्‌देश्य समाज के विभिन्न वर्गों को आगे बढ़ने के अवसर प्रदान करना है।

**आज के भारत में समानता की प्रासंगिकता**

भारतीय संविधान द्‌वारा स्थापित समानता का सिद्‌धांत आज भी उतना ही महत्वपूर्ण है जितना संविधान के निर्माण के समय था। यद्‌यपि भारत ने शिक्षा, प्रौद्‌योगिकी, स्वास्थ्य, बुनियादी ढाँचे और आर्थिक विकास के क्षेत्र में उल्लेखनीय प्रगति की है, फिर भी समान अवसरों और समावेशी विकास का प्रश्न आज भी प्रासंगिक बना हुआ है।

आज लाखों विद्‌यार्थी विद्‌यालयों, महाविद्‌यालयों और विश्वविद्‌यालयों में शिक्षा प्राप्त कर रहे हैं। करोड़ों युवा प्रतियोगी परीक्षाओं, रोजगार के अवसरों और उद्‌यमिता के माध्यम से अपने भविष्य का निर्माण कर रहे हैं। ऐसे समय में समानता का सिद्‌धांत यह सुनिश्चित करने का प्रयास करता है कि प्रत्येक व्यक्ति को अपनी क्षमता विकसित करने और आगे बढ़ने का निष्पक्ष अवसर प्राप्त हो।

समानता का महत्व केवल शिक्षा और रोजगार तक सीमित नहीं है। यह नागरिकों के आत्मसम्मान, सामाजिक भागीदारी और लोकतांत्रिक विश्वास से भी जुड़ा हुआ है। जब लोग यह अनुभव करते हैं कि उनके साथ सम्मानपूर्वक और निष्पक्ष व्यवहार किया जा रहा है, तब लोकतांत्रिक संस्थाओं के प्रति उनका विश्वास भी मजबूत होता है।

संवैधानिक जागरूकता भी समानता की भावना को मजबूत करने में महत्वपूर्ण भूमिका निभाती है। जो नागरिक अपने अधिकारों और कर्तव्यों को समझते हैं, वे लोकतांत्रिक प्रक्रियाओं में अधिक सक्रिय रूप से भाग लेते हैं और समाज में सकारात्मक परिवर्तन के वाहक बन सकते हैं।

इक्कीसवीं सदी के भारत में समानता का अर्थ केवल भेदभाव का अभाव नहीं है। इसका अर्थ यह भी है कि प्रत्येक नागरिक को अपनी प्रतिभा, परिश्रम और क्षमता के आधार पर आगे बढ़ने का अवसर मिले। यही संविधान की मूल भावना है और यही एक अधिक न्यायपूर्ण, समावेशी और सशक्त भारत की दिशा में मार्ग प्रशस्त करती है।

## मुख्य बिंदु

- भारतीय संविधान का निर्माण एक ऐसे राष्ट्र के निर्माण के उद्देश्य से किया गया था जहाँ न्याय, स्वतंत्रता, समानता और बंधुत्व को महत्व दिया जाए।
- संविधान की प्रस्तावना भारतीय लोकतंत्र के मूल आदर्शों और उद्देश्यों को व्यक्त करती है।
- समानता का अर्थ केवल कानून के समक्ष समानता नहीं, बल्कि अवसरों तक निष्पक्ष पहुँच भी है।
- अनुच्छेद 14, 15, 16 और 17 भारतीय संविधान में समानता की संवैधानिक व्यवस्था के प्रमुख आधार हैं।
- अनुच्छेद 15 और 16 कुछ परिस्थितियों में विशेष प्रावधानों की अनुमति देते हैं ताकि अवसरों तक अधिक न्यायपूर्ण पहुँच सुनिश्चित की जा सके।
- अनुच्छेद 17 अस्पृश्यता का उन्मूलन करता है और मानव गरिमा की रक्षा के प्रति संविधान की प्रतिबद्धता को दर्शाता है।
- डॉ. भीमराव आंबेडकर सामाजिक लोकतंत्र, समानता और मानव गरिमा को लोकतंत्र की स्थिरता के लिए आवश्यक मानते थे।

## चिंतन के प्रश्न

1. संविधान की प्रस्तावना में उल्लिखित समानता का आपके अनुसार क्या महत्व है?
2. कानूनी समानता, सामाजिक समानता और अवसरों की समानता में क्या अंतर है?
3. अनुच्छेद 14 भारतीय लोकतंत्र की आधारशिला क्यों माना जाता है?
4. सामाजिक न्याय और समानता को एक-दूसरे के पूरक सिद्धांत क्यों माना जा सकता है?

5. डॉ. आंबेडकर के सामाजिक लोकतंत्र संबंधी विचार आज के भारत में किस प्रकार प्रासंगिक हैं?

संदर्भ

- भारत का संविधान, प्रस्तावना
- भारत का संविधान, अनुच्छेद 14
- भारत का संविधान, अनुच्छेद 15
- भारत का संविधान, अनुच्छेद 16
- भारत का संविधान, अनुच्छेद 17
- संविधान सभा वाद-विवाद (Constituent Assembly Debates)
- डॉ. बी. आर. आंबेडकर का संविधान सभा में 25 नवंबर 1949 का भाषण
- भारत सरकार द्वारा प्रकाशित आधिकारिक संवैधानिक दस्तावेज़

# 3

# महत्वपूर्ण संवैधानिक अनुच्छेद जिन्हें हर नागरिक को जानना चाहिए

**इस अध्याय में क्या सीखेंगे?**

इस अध्याय में हम भारतीय संविधान के उन प्रमुख अनुच्छेदों को समझेंगे जो समानता, स्वतंत्रता, शिक्षा, गरिमा, न्याय और सामाजिक सशक्तिकरण से जुड़े हुए हैं। प्रत्येक अनुच्छेद के साथ उसके व्यावहारिक महत्व और दैनिक जीवन से उसके संबंध को सरल भाषा में समझाया जाएगा।

इस अध्याय का उद्देश्य केवल संवैधानिक प्रावधानों की जानकारी देना नहीं है, बल्कि यह समझाना भी है कि ये अधिकार नागरिकों के जीवन में किस प्रकार प्रभाव डालते हैं।

**जब अधिकारों की रक्षा की आवश्यकता पड़ती है**

कल्पना कीजिए कि किसी नागरिक के साथ ऐसा व्यवहार किया जाए जो उसके संवैधानिक अधिकारों के विरुद्ध हो। ऐसी स्थिति में वह क्या कर सकता है? क्या उसके अधिकार केवल कागज़ पर लिखे हुए शब्द हैं, या उनके संरक्षण के लिए कोई व्यवस्था भी मौजूद है?

भारतीय संविधान केवल शासन चलाने का दस्तावेज़ नहीं है। यह नागरिकों को अधिकार प्रदान करता है और उन अधिकारों की रक्षा के लिए संस्थागत व्यवस्था

भी उपलब्ध कराता है। यही कारण है कि संविधान को अक्सर नागरिकों और राज्य के बीच एक महत्वपूर्ण संवैधानिक समझौते के रूप में देखा जाता है।

अधिकार तभी प्रभावी होते हैं जब नागरिक उन्हें जानते हों। यदि किसी व्यक्ति को यह जानकारी ही न हो कि संविधान उसे कौन-कौन से अधिकार प्रदान करता है, तो आवश्यकता पड़ने पर वह उनका उपयोग कैसे करेगा? इसलिए संवैधानिक जागरूकता केवल कानून के विद्यार्थियों या विशेषज्ञों के लिए नहीं, बल्कि प्रत्येक नागरिक के लिए महत्वपूर्ण है।

इस अध्याय में हम संविधान के कुछ ऐसे महत्वपूर्ण अनुच्छेदों को समझेंगे जो सीधे नागरिकों के अधिकारों, स्वतंत्रताओं, सुरक्षा और अवसरों से जुड़े हुए हैं। इन अनुच्छेदों की जानकारी प्रत्येक भारतीय नागरिक को होनी चाहिए, क्योंकि ये हमारे दैनिक जीवन और लोकतांत्रिक व्यवस्था दोनों को प्रभावित करते हैं।

**संविधान केवल सरकार के लिए नहीं है**

बहुत से लोग संविधान को केवल सरकार, संसद, न्यायालयों या प्रशासन से संबंधित दस्तावेज़ मानते हैं। वास्तव में संविधान का संबंध प्रत्येक नागरिक से है। यह हमारे अधिकारों, स्वतंत्रताओं और राज्य की सीमाओं को निर्धारित करता है।

जब कोई विद्यार्थी शिक्षा का अधिकार प्राप्त करता है, जब किसी नागरिक को भेदभाव से संरक्षण मिलता है, जब कोई व्यक्ति अपनी बात स्वतंत्र रूप से रख सकता है, या जब किसी नागरिक को कानून के समक्ष समानता प्राप्त होती है, तब संविधान की भूमिका प्रत्यक्ष रूप से दिखाई देती है।

संविधान केवल सरकार को यह नहीं बताता कि उसे क्या करना चाहिए; यह नागरिकों को भी यह बताता है कि उनके अधिकार क्या हैं और वे किन मूल्यों की रक्षा कर सकते हैं। यही कारण है कि संवैधानिक जागरूकता एक जिम्मेदार नागरिकता का महत्वपूर्ण हिस्सा मानी जाती है।

आगे के अनुभागों में हम उन प्रमुख अनुच्छेदों को समझेंगे जो भारतीय लोकतंत्र और नागरिक अधिकारों की आधारशिला हैं।

## अनुच्छेद 14: कानून के समक्ष समानता

***यह क्या कहता है?***

अनुच्छेद 14 सभी व्यक्तियों को कानून के समक्ष समानता और कानूनों के समान संरक्षण का अधिकार प्रदान करता है। इसका अर्थ है कि कोई भी व्यक्ति कानून से ऊपर नहीं है और समान परिस्थितियों में सभी के साथ समान व्यवहार किया जाना चाहिए।

**यह आपके लिए क्यों महत्वपूर्ण है?**

यह अनुच्छेद नागरिकों को मनमाने और अनुचित व्यवहार से संरक्षण प्रदान करता है। यह सुनिश्चित करता है कि सरकारी नीतियाँ और प्रशासनिक निर्णय निष्पक्षता और न्याय के सिद्धांतों के अनुरूप हों।

**व्यावहारिक उदाहरण**

यदि किसी सरकारी नियम को बिना उचित कारण के केवल एक विशेष समूह पर लागू किया जाए जबकि समान परिस्थितियों में अन्य लोगों को उससे छूट दी जाए, तो ऐसे निर्णय को न्यायालय में चुनौती दी जा सकती है।

**याद रखने योग्य बात**

अनुच्छेद 14 भारतीय संविधान में समानता की आधारशिला माना जाता है। इसके बिना अन्य कई अधिकारों का प्रभाव कमजोर पड़ सकता है।

## अनुच्छेद 15: भेदभाव से संरक्षण

**यह क्या कहता है?**

अनुच्छेद 15 राज्य को केवल धर्म, मूलवंश (Race), जाति, लिंग या जन्मस्थान के आधार पर किसी नागरिक के साथ भेदभाव करने से रोकता है। इसका उद्देश्य यह सुनिश्चित करना है कि प्रत्येक नागरिक को समान सम्मान और अवसर प्राप्त हों।

साथ ही, अनुच्छेद 15(4) और 15(5) राज्य को सामाजिक और शैक्षिक रूप से पिछड़े वर्गों, अनुसूचित जातियों (SC) और अनुसूचित जनजातियों (ST) के हित में विशेष प्रावधान करने की अनुमति देते हैं।

**यह आपके लिए क्यों महत्वपूर्ण है?**

यह अनुच्छेद नागरिकों को अनुचित भेदभाव से संरक्षण प्रदान करता है। साथ ही, यह उन नीतियों का संवैधानिक आधार भी प्रदान करता है जिनका उद्देश्य शिक्षा और अवसरों तक अधिक न्यायपूर्ण पहुँच सुनिश्चित करना है।

**व्यावहारिक उदाहरण**

यदि किसी सार्वजनिक संस्था में केवल किसी व्यक्ति की जाति, धर्म या जन्मस्थान के आधार पर उसके साथ अनुचित व्यवहार किया जाए, तो यह संविधान की भावना के विपरीत माना जा सकता है।

इसी प्रकार, सामाजिक और शैक्षिक रूप से पिछड़े वर्गों के लिए बनाई गई शैक्षिक सहायता योजनाएँ और विशेष प्रावधान अनुच्छेद 15 के संवैधानिक ढाँचे के अंतर्गत समझे जा सकते हैं।

**क्या आप जानते हैं?**

संविधान का अनुच्छेद 15 केवल भेदभाव को रोकने का कार्य नहीं करता, बल्कि कुछ परिस्थितियों में समान अवसरों को बढ़ावा देने के लिए विशेष प्रावधानों की भी अनुमति देता है।

**याद रखने योग्य बात**

अनुच्छेद 15 का उद्देश्य केवल समान व्यवहार सुनिश्चित करना नहीं है, बल्कि यह भी सुनिश्चित करना है कि नागरिकों को उनकी पहचान के कारण अवसरों से वंचित न किया जाए।

## अनुच्छेद 16: सार्वजनिक रोजगार में समान अवसर

**यह क्या कहता है?**

अनुच्छेद 16 सभी नागरिकों को सार्वजनिक रोजगार और सरकारी सेवाओं में समान अवसर प्रदान करने की बात करता है। इसका उद्देश्य यह सुनिश्चित करना है कि सरकारी पदों पर नियुक्ति और रोजगार के मामलों में निष्पक्षता और समान अवसर बनाए रखें जाएँ।

साथ ही, अनुच्छेद 16(4) राज्य को ऐसे पिछड़े वर्गों के लिए विशेष प्रावधान करने की अनुमति देता है जो सरकारी सेवाओं में पर्याप्त रूप से प्रतिनिधित्व प्राप्त नहीं कर पाए हैं।

**यह आपके लिए क्यों महत्वपूर्ण है?**

सरकारी सेवाएँ केवल रोजगार का माध्यम नहीं हैं; वे प्रशासन, नीति निर्माण और सार्वजनिक जीवन में भागीदारी का अवसर भी प्रदान करती हैं। अनुच्छेद 16 यह सुनिश्चित करने का प्रयास करता है कि नागरिकों को इन अवसरों तक निष्पक्ष पहुँच प्राप्त हो।

यह अनुच्छेद विशेष रूप से उन लोगों के लिए महत्वपूर्ण है जो सरकारी नौकरियों, प्रतियोगी परीक्षाओं और सार्वजनिक सेवाओं में करियर बनाना चाहते हैं।

व्यावहारिक उदाहरण

यदि किसी सरकारी भर्ती प्रक्रिया में उम्मीदवारों के साथ उनकी योग्यता और पात्रता के बजाय अन्य अनुचित आधारों पर व्यवहार किया जाए, तो यह समान अवसर के सिद्धांत के विपरीत हो सकता है।

इसी प्रकार, संविधान द्वारा अनुमत विशेष प्रावधानों का उद्देश्य उन वर्गों को सार्वजनिक सेवाओं में अधिक प्रभावी भागीदारी का अवसर प्रदान करना है जो ऐतिहासिक रूप से पर्याप्त प्रतिनिधित्व प्राप्त नहीं कर पाए हैं।

**क्या आप जानते हैं?**

अनुच्छेद 16 केवल नौकरी पाने के अधिकार की बात नहीं करता, बल्कि सरकारी रोजगार में निष्पक्ष अवसरों की संवैधानिक व्यवस्था को भी मजबूत करता है।

**याद रखने योग्य बात**

अनुच्छेद 16 का मूल उद्देश्य यह सुनिश्चित करना है कि सार्वजनिक रोजगार के अवसर सभी नागरिकों के लिए निष्पक्ष, पारदर्शी और सुलभ बने रहें।

## अनुच्छेद 17: अस्पृश्यता का उन्मूलन

**यह क्या कहता है?**

अनुच्छेद 17 अस्पृश्यता (Untouchability) को समाप्त घोषित करता है और उसके किसी भी रूप के व्यवहार को कानूनन निषिद्ध बनाता है। यह भारतीय संविधान के सबसे महत्वपूर्ण सामाजिक न्याय संबंधी प्रावधानों में से एक है।

**यह आपके लिए क्यों महत्वपूर्ण है?**

यह अनुच्छेद प्रत्येक नागरिक की गरिमा और सम्मान की रक्षा करता है। संविधान यह स्पष्ट संदेश देता है कि किसी व्यक्ति के साथ उसकी जाति या सामाजिक पृष्ठभूमि के आधार पर अपमानजनक या बहिष्कृत व्यवहार स्वीकार्य नहीं है।

अनुच्छेद 17 भारतीय लोकतंत्र की उस प्रतिबद्धता को दर्शाता है जिसके अनुसार सभी नागरिक सम्मान और समानता के अधिकारी हैं।

**व्यावहारिक उदाहरण**

यदि किसी व्यक्ति को केवल उसकी जाति के कारण किसी सार्वजनिक स्थान, सेवा या सुविधा तक पहुँच से वंचित किया जाए, तो ऐसी स्थिति संविधान की भावना के विपरीत मानी जाएगी और संबंधित कानूनों के अंतर्गत कार्रवाई की जा सकती है।

**क्या आप जानते हैं?**

अनुच्छेद 17 को प्रभावी बनाने के लिए समय-समय पर विशेष कानून बनाए गए हैं, जिनका उद्देश्य नागरिकों को भेदभाव और अन्याय से संरक्षण प्रदान करना है।

**याद रखने योग्य बात**

अनुच्छेद 17 केवल एक कानूनी प्रावधान नहीं है; यह मानव गरिमा, सम्मान और समान नागरिकता के सिद्धांत का प्रतीक है।

## अनुच्छेद 19: स्वतंत्रताओं का अधिकार

**यह क्या कहता है?**

अनुच्छेद 19 भारतीय नागरिकों को कुछ महत्वपूर्ण स्वतंत्रताएँ प्रदान करता है, जो लोकतांत्रिक जीवन का आधार मानी जाती हैं। इनमें प्रमुख रूप से अभिव्यक्ति की स्वतंत्रता, शांतिपूर्ण सभा करने की स्वतंत्रता, संगठन बनाने की स्वतंत्रता, भारत में स्वतंत्र रूप से घूमने की स्वतंत्रता, भारत के किसी भी भाग में निवास करने की स्वतंत्रता तथा किसी व्यवसाय, व्यापार या पेशे को चुनने की स्वतंत्रता शामिल हैं।

ये स्वतंत्रताएँ नागरिकों को अपने विचार व्यक्त करने, समाज में भागीदारी करने और अपनी पसंद के अनुसार जीवन एवं करियर का निर्माण करने का अवसर प्रदान करती हैं।

**यह आपके लिए क्यों महत्वपूर्ण है?**

लोकतंत्र केवल मतदान तक सीमित नहीं है। लोकतंत्र तब मजबूत होता है जब नागरिक अपनी बात रख सकते हैं, विचारों का आदान-प्रदान कर सकते हैं, संगठनों का निर्माण कर सकते हैं और अपने भविष्य के बारे में स्वतंत्र निर्णय ले सकते हैं।

अनुच्छेद 19 नागरिकों को सक्रिय, जागरूक और सहभागी लोकतांत्रिक जीवन जीने की क्षमता प्रदान करता है।

**व्यावहारिक उदाहरण**

यदि कोई विद्यार्थी किसी सामाजिक विषय पर अपना विचार व्यक्त करना चाहता है, कोई नागरिक किसी संगठन का सदस्य बनना चाहता है, या कोई युवा अपनी पसंद का व्यवसाय शुरू करना चाहता है, तो ये सभी गतिविधियाँ अनुच्छेद 19 द्वारा संरक्षित स्वतंत्रताओं से जुड़ी हुई हैं।

हालाँकि, संविधान यह भी स्वीकार करता है कि कुछ परिस्थितियों में सार्वजनिक व्यवस्था, सुरक्षा और अन्य महत्वपूर्ण कारणों से उचित कानूनी प्रतिबंध लगाए जा सकते हैं।

**क्या आप जानते हैं?**

अनुच्छेद 19 द्वारा प्रदत्त स्वतंत्रताएँ पूर्णतः असीमित नहीं हैं। संविधान कुछ परिस्थितियों में "उचित प्रतिबंध" (Reasonable Restrictions) की अनुमति देता है ताकि व्यक्तिगत स्वतंत्रता और सार्वजनिक हित के बीच संतुलन बनाए रखा जा सके।

**याद रखने योग्य बात**

अनुच्छेद 19 भारतीय लोकतंत्र की जीवंतता का आधार है। यह नागरिकों को केवल अधिकार ही नहीं देता, बल्कि लोकतांत्रिक जीवन में सक्रिय भागीदारी का

अवसर भी प्रदान करता है।

## अनुच्छेद 21: जीवन और व्यक्तिगत स्वतंत्रता का अधिकार

**यह क्या कहता है?**

अनुच्छेद 21 कहता है कि किसी भी व्यक्ति को उसके जीवन या व्यक्तिगत स्वतंत्रता से विधि द्वारा स्थापित प्रक्रिया के अतिरिक्त वंचित नहीं किया जा सकता। सरल शब्दों में, प्रत्येक व्यक्ति को सम्मान, सुरक्षा और गरिमा के साथ जीवन जीने का अधिकार प्राप्त है।

समय के साथ न्यायालयों ने इस अनुच्छेद की व्यापक व्याख्या की है और इसे केवल जीवित रहने के अधिकार तक सीमित नहीं माना है। इसके अंतर्गत गरिमापूर्ण जीवन, निजता (Privacy), स्वच्छ पर्यावरण, स्वास्थ्य और मानव सम्मान जैसे अनेक महत्वपूर्ण पहलुओं को भी शामिल किया गया है।

**यह आपके लिए क्यों महत्वपूर्ण है?**

अनुच्छेद 21 प्रत्येक व्यक्ति के जीवन और स्वतंत्रता की रक्षा करता है। यह सुनिश्चित करता है कि राज्य और उसकी संस्थाएँ नागरिकों के साथ कानून के अनुसार और न्यायपूर्ण तरीके से व्यवहार करें।

यह अनुच्छेद हमें याद दिलाता है कि संविधान केवल अधिकारों की सूची नहीं है, बल्कि प्रत्येक व्यक्ति की गरिमा और मानव मूल्य की रक्षा करने वाला दस्तावेज़ भी है।

**व्यावहारिक उदाहरण**

यदि किसी व्यक्ति की स्वतंत्रता को बिना उचित कानूनी प्रक्रिया के सीमित किया जाए, या उसके साथ ऐसा व्यवहार किया जाए जो उसकी गरिमा और मूल मानव अधिकारों का उल्लंघन करता हो, तो वह संवैधानिक संरक्षण की मांग कर सकता है।

इसी प्रकार, सुरक्षित और सम्मानजनक जीवन से जुड़े कई अधिकारों की संवैधानिक नींव अनुच्छेद 21 में देखी जाती है।

**क्या आप जानते हैं?**

भारतीय न्यायपालिका ने समय के साथ अनुच्छेद 21 को संविधान के सबसे व्यापक और जीवंत अनुच्छेदों में से एक माना है। अनेक महत्वपूर्ण नागरिक अधिकारों की सुरक्षा इसी अनुच्छेद से जुड़ी हुई है।

**याद रखने योग्य बात**

अनुच्छेद 21 केवल जीवन के अधिकार की बात नहीं करता; यह गरिमा, स्वतंत्रता और सम्मान के साथ जीवन जीने के अधिकार की भी रक्षा करता है।

## अनुच्छेद 21A: शिक्षा का अधिकार

**यह क्या कहता है?**

अनुच्छेद 21A के अनुसार 6 से 14 वर्ष की आयु के प्रत्येक बच्चे को निःशुल्क और अनिवार्य शिक्षा का अधिकार प्राप्त है। इस प्रावधान को संविधान में शामिल करने का उद्देश्य यह सुनिश्चित करना था कि प्रत्येक बच्चे को बुनियादी शिक्षा प्राप्त करने का अवसर मिले।

शिक्षा केवल ज्ञान प्राप्त करने का माध्यम नहीं है; यह आत्मविश्वास, अवसरों और सामाजिक प्रगति का भी आधार है।

**यह आपके लिए क्यों महत्वपूर्ण है?**

शिक्षा किसी भी व्यक्ति और समाज के विकास की सबसे महत्वपूर्ण शक्तियों में से एक है। एक शिक्षित नागरिक अपने अधिकारों, कर्तव्यों और उपलब्ध अवसरों को बेहतर ढंग से समझ सकता है।

SC, ST और OBC समुदायों के संदर्भ में भी शिक्षा को लंबे समय से सामाजिक और आर्थिक सशक्तिकरण का प्रमुख साधन माना गया है। यही कारण है कि संविधान और विभिन्न सरकारी नीतियाँ शिक्षा तक पहुँच को विशेष महत्व देती हैं।

**व्यावहारिक उदाहरण**

यदि किसी क्षेत्र में रहने वाले बच्चों को विद्यालय तक पहुँचने में कठिनाई होती है, तो राज्य की जिम्मेदारी है कि वह शिक्षा की उपलब्धता सुनिश्चित करने के लिए आवश्यक कदम उठाए। इसी प्रकार, विद्यालयों में प्रवेश और बुनियादी शिक्षा की उपलब्धता से जुड़े कई प्रयास शिक्षा के अधिकार की भावना को मजबूत करते हैं।

**क्या आप जानते हैं?**

शिक्षा का अधिकार अधिनियम (Right of Children to Free and Compulsory Education Act, 2009) अनुच्छेद 21A को व्यवहार में लागू करने के लिए बनाया गया था।

**याद रखने योग्य बात**

शिक्षा केवल एक अधिकार नहीं है; यह अवसरों, आत्मनिर्भरता और सशक्तिकरण का द्वार भी है।

## अनुच्छेद 23: शोषण के विरुद्ध संरक्षण

**यह क्या कहता है?**

अनुच्छेद 23 मानव तस्करी (Human Trafficking), बेगार (Forced Labour) और अन्य प्रकार के जबरन श्रम पर प्रतिबंध लगाता है। संविधान स्पष्ट करता है कि किसी व्यक्ति को उसकी इच्छा के विरुद्ध कार्य करने के लिए मजबूर नहीं किया जा सकता।

यह प्रावधान मानव गरिमा और व्यक्तिगत स्वतंत्रता की रक्षा के लिए अत्यंत महत्वपूर्ण है।

**यह आपके लिए क्यों महत्वपूर्ण है?**

किसी भी लोकतांत्रिक समाज में प्रत्येक व्यक्ति को सम्मान और स्वतंत्रता के साथ जीवन जीने का अधिकार है। अनुच्छेद 23 यह सुनिश्चित करने का प्रयास करता है कि किसी व्यक्ति का शोषण न हो और उसे मजबूरी, भय या दबाव के कारण काम करने के लिए विवश न किया जाए।

यह अनुच्छेद विशेष रूप से उन लोगों की सुरक्षा के लिए महत्वपूर्ण है जो आर्थिक, सामाजिक या अन्य परिस्थितियों के कारण शोषण के प्रति अधिक संवेदनशील हो सकते हैं।

**व्यावहारिक उदाहरण**

यदि किसी व्यक्ति से उसकी इच्छा के विरुद्ध बिना उचित पारिश्रमिक के काम कराया जाए, या उसे किसी प्रकार के दबाव में श्रम करने के लिए बाध्य किया जाए, तो ऐसी स्थिति संविधान की भावना और कानून दोनों के विरुद्ध हो सकती है।

इसी प्रकार, मानव तस्करी और जबरन श्रम से संबंधित गतिविधियाँ अनुच्छेद 23 द्वारा निषिद्ध हैं।

**क्या आप जानते हैं?**

अनुच्छेद 23 केवल नागरिकों की ही नहीं, बल्कि भारत में रहने वाले सभी व्यक्तियों की सुरक्षा के लिए लागू होता है।

**याद रखने योग्य बात**

अनुच्छेद 23 हमें यह याद दिलाता है कि मानव गरिमा और स्वतंत्रता किसी भी लोकतांत्रिक समाज के मूल आधार हैं, और किसी भी प्रकार का शोषण संविधान की भावना के विपरीत है।

## अनुच्छेद 25: धर्म की स्वतंत्रता

**यह क्या कहता है?**

अनुच्छेद 25 सभी व्यक्तियों को अंतःकरण की स्वतंत्रता तथा अपने धर्म को मानने, उसका पालन करने और उसका प्रचार करने की स्वतंत्रता प्रदान करता है।

यह अधिकार भारतीय संविधान में धार्मिक स्वतंत्रता के महत्वपूर्ण आधारों में से एक है।

भारत एक विविधतापूर्ण देश है जहाँ अनेक धर्म, परंपराएँ और आस्थाएँ साथ-साथ अस्तित्व में हैं। अनुच्छेद 25 इस विविधता के सम्मान और संरक्षण का संवैधानिक आधार प्रदान करता है।

**यह आपके लिए क्यों महत्वपूर्ण है?**

यह अनुच्छेद प्रत्येक व्यक्ति को अपनी धार्मिक मान्यताओं के अनुसार जीवन जीने की स्वतंत्रता देता है। साथ ही यह सुनिश्चित करने का प्रयास करता है कि विभिन्न धर्मों के लोग एक लोकतांत्रिक और बहुलतावादी समाज में सम्मानपूर्वक रह सकें।

धार्मिक स्वतंत्रता केवल व्यक्तिगत अधिकार का विषय नहीं है; यह सामाजिक सद्भाव और लोकतांत्रिक सह-अस्तित्व से भी जुड़ी हुई है।

**व्यावहारिक उदाहरण**

यदि कोई व्यक्ति अपने धर्म के अनुसार पूजा-पद्धति का पालन करना चाहता है या अपनी धार्मिक पहचान को व्यक्त करना चाहता है, तो उसे संविधान द्वारा संरक्षित स्वतंत्रताओं का लाभ प्राप्त होता है, बशर्ते कि उसका आचरण सार्वजनिक व्यवस्था, नैतिकता और स्वास्थ्य के विरुद्ध न हो।

**क्या आप जानते हैं?**

अनुच्छेद 25 द्वारा प्रदत्त स्वतंत्रता पूर्णतः असीमित नहीं है। संविधान सार्वजनिक व्यवस्था, नैतिकता और स्वास्थ्य के हित में उचित प्रतिबंधों की अनुमति देता है।

**याद रखने योग्य बात**

अनुच्छेद 25 भारत की धार्मिक विविधता और लोकतांत्रिक मूल्यों का महत्वपूर्ण संवैधानिक आधार है। यह स्वतंत्रता और पारस्परिक सम्मान के बीच संतुलन स्थापित करने का प्रयास करता है।

## अनुच्छेद 32: संविधान का हृदय और आत्मा

**यह क्या कहता है?**

अनुच्छेद 32 नागरिकों को यह अधिकार देता है कि यदि उनके मौलिक अधिकारों का उल्लंघन होता है, तो वे सीधे सर्वोच्च न्यायालय (Supreme Court) का दरवाज़ा खटखटा सकते हैं। यह केवल एक अधिकार नहीं है, बल्कि मौलिक अधिकारों की रक्षा करने का संवैधानिक साधन भी है।

**यह आपके लिए क्यों महत्वपूर्ण है?**

संविधान नागरिकों को अनेक अधिकार प्रदान करता है, लेकिन यदि उन अधिकारों की रक्षा करने की व्यवस्था न हो, तो वे अधिकार प्रभावी नहीं रहेंगे। अनुच्छेद 32 यह सुनिश्चित करता है कि नागरिक अपने मौलिक अधिकारों के संरक्षण के लिए न्यायिक सहायता प्राप्त कर सकें।

**यही कारण है कि इसे भारतीय संविधान के सबसे महत्वपूर्ण अनुच्छेदों में से एक माना जाता है।**

*डॉ. आंबेडकर की दृष्टि*

*संविधान सभा में डॉ. भीमराव रामजी आंबेडकर ने अनुच्छेद 32 के महत्व को रेखांकित करते हुए कहा था:*

*"Article 32 is the very soul of the Constitution and the very heart of it."*

*("अनुच्छेद 32 संविधान की आत्मा और उसका हृदय है।")*

**इस कथन का संदर्भ**

डॉ. आंबेडकर का मानना था कि नागरिकों को अधिकार देना पर्याप्त नहीं है। उन्हें उन अधिकारों की रक्षा के लिए प्रभावी उपाय भी उपलब्ध होने चाहिए। अनुच्छेद 32 यही सुनिश्चित करता है कि मौलिक अधिकार केवल सैद्धांतिक घोषणाएँ बनकर न रह जाएँ।

**व्यावहारिक उदाहरण**

यदि किसी नागरिक को लगता है कि उसके मौलिक अधिकारों का गंभीर उल्लंघन हुआ है, तो वह न्यायालय की सहायता प्राप्त कर सकता है। न्यायपालिका का दायित्व है कि वह संविधान की रक्षा करे और नागरिकों के अधिकारों को सुरक्षित बनाए रखे।

क्या आप जानते हैं?

अनुच्छेद 32 के अंतर्गत सर्वोच्च न्यायालय विभिन्न प्रकार की संवैधानिक रिट (Writs) जारी कर सकता है ताकि मौलिक अधिकारों की रक्षा सुनिश्चित की जा सके।

**याद रखने योग्य बात**

अनुच्छेद 32 नागरिकों को केवल अधिकार नहीं देता, बल्कि उन अधिकारों की रक्षा का संवैधानिक मार्ग भी प्रदान करता है। इसी कारण इसे संविधान की आत्मा और हृदय कहा गया है।

## अनुच्छेद 46: कमजोर वर्गों के हितों का संवर्धन

**यह क्या कहता है?**

अनुच्छेद 46 राज्य को निर्देश देता है कि वह समाज के कमजोर वर्गों, विशेष रूप से अनुसूचित जातियों (SC) और अनुसूचित जनजातियों (ST) के शैक्षिक और आर्थिक हितों को बढ़ावा दे तथा उन्हें सामाजिक अन्याय और शोषण से संरक्षण प्रदान करे।

यह संविधान के नीति-निर्देशक तत्वों (Directive Principles of State Policy) का हिस्सा है और भारत के सामाजिक न्याय संबंधी दृष्टिकोण को प्रतिबिंबित करता है।

**यह आपके लिए क्यों महत्वपूर्ण है?**

शिक्षा और आर्थिक अवसर किसी भी व्यक्ति या समुदाय के विकास के लिए अत्यंत महत्वपूर्ण हैं। अनुच्छेद 46 इस बात पर बल देता है कि विकास के अवसर समाज के सभी वर्गों तक पहुँचने चाहिए, विशेष रूप से उन समुदायों तक जिन्हें ऐतिहासिक रूप से विभिन्न चुनौतियों का सामना करना पड़ा है।

यही संवैधानिक दृष्टिकोण आगे चलकर छात्रवृत्तियों, छात्रावास योजनाओं, शैक्षिक सहायता कार्यक्रमों, कौशल विकास पहलों और अन्य कल्याणकारी उपायों में दिखाई देता है।

**व्यावहारिक उदाहरण**

यदि सरकार किसी आर्थिक या शैक्षिक रूप से वंचित क्षेत्र के विद्यार्थियों के लिए विशेष छात्रवृत्ति योजना प्रारंभ करती है, तो ऐसी पहलें अनुच्छेद 46 की व्यापक भावना के अनुरूप समझी जा सकती हैं।

इसी प्रकार, कमजोर वर्गों की शिक्षा, कौशल विकास और आर्थिक भागीदारी को बढ़ावा देने वाली अनेक योजनाओं की प्रेरणा भी इसी संवैधानिक दृष्टिकोण से जुड़ी हुई है।

**क्या आप जानते हैं?**

अनुच्छेद 46 मौलिक अधिकार नहीं है, लेकिन यह सरकारों को नीति निर्माण के लिए महत्वपूर्ण संवैधानिक दिशा प्रदान करता है।

**याद रखने योग्य बात**

अनुच्छेद 46 हमें यह समझने में सहायता करता है कि संविधान केवल अधिकारों की रक्षा ही नहीं करता, बल्कि समाज के कमजोर वर्गों के शैक्षिक और आर्थिक विकास को भी महत्वपूर्ण मानता है।

अधिकारों की जानकारी ही सशक्त नागरिकता की पहली सीढ़ी है।

## मुख्य बिंदु

- अनुच्छेद 14 सभी व्यक्तियों को कानून के समक्ष समानता और कानूनों के समान संरक्षण का अधिकार प्रदान करता है।
- अनुच्छेद 15 धर्म, जाति, लिंग, मूलवंश और जन्मस्थान के आधार पर भेदभाव को प्रतिबंधित करता है तथा कुछ परिस्थितियों में विशेष प्रावधानों की अनुमति देता है।
- अनुच्छेद 16 सार्वजनिक रोजगार में समान अवसर सुनिश्चित करने का प्रयास करता है।
- अनुच्छेद 17 अस्पृश्यता का उन्मूलन करता है और मानव गरिमा की रक्षा को महत्व देता है।
- अनुच्छेद 19 नागरिकों को अभिव्यक्ति, संगठन, आवागमन और व्यवसाय जैसी महत्वपूर्ण स्वतंत्रताएँ प्रदान करता है।
- अनुच्छेद 21 और 21A क्रमशः गरिमापूर्ण जीवन तथा शिक्षा के अधिकार की संवैधानिक आधारशिला हैं।
- अनुच्छेद 23 शोषण के विरुद्ध संरक्षण प्रदान करता है, जबकि अनुच्छेद 25 धार्मिक स्वतंत्रता को संरक्षित करता है।
- अनुच्छेद 32 मौलिक अधिकारों की रक्षा का संवैधानिक साधन प्रदान करता है और अनुच्छेद 46 कमजोर वर्गों के शैक्षिक एवं आर्थिक हितों के संवर्धन का मार्गदर्शन करता है |

### चिंतन के प्रश्न

1. इस अध्याय में वर्णित अनुच्छेदों में से आपको कौन-सा अनुच्छेद सबसे अधिक महत्वपूर्ण लगता है और क्यों?
2. डॉ. भीमराव आंबेडकर ने अनुच्छेद 32 को संविधान का "हृदय और आत्मा" क्यों कहा था?
3. शिक्षा और सशक्तिकरण के बीच क्या संबंध है? अनुच्छेद 21A के संदर्भ में चर्चा कीजिए।
4. समानता और स्वतंत्रता एक-दूसरे को किस प्रकार मजबूत करती हैं?

5. आपके विचार में संवैधानिक जागरूकता भारतीय लोकतंत्र को किस प्रकार अधिक मजबूत और उत्तरदायी बना सकती है?

संदर्भ


- भारत का संविधान
- भारत का संविधान, अनुच्छेद 14
- भारत का संविधान, अनुच्छेद 15
- भारत का संविधान, अनुच्छेद 16
- भारत का संविधान, अनुच्छेद 17
- भारत का संविधान, अनुच्छेद 19
- भारत का संविधान, अनुच्छेद 21
- भारत का संविधान, अनुच्छेद 21A
- भारत का संविधान, अनुच्छेद 23
- भारत का संविधान, अनुच्छेद 25
- भारत का संविधान, अनुच्छेद 32
- भारत का संविधान, अनुच्छेद 46
- संविधान सभा वाद-विवाद (Constituent Assembly Debates)
- डॉ. बी. आर. आंबेडकर के संविधान सभा भाषण
- भारत सरकार द्वारा प्रकाशित आधिकारिक संवैधानिक दस्तावेज़

# 4

# डॉ. बी.आर. आंबेडकर और संवैधानिक सशक्तिकरण

शिक्षा जिसने इतिहास बदल दिया

डॉ. आंबेडकर का मानना था कि शिक्षा केवल व्यक्तिगत उन्नति का साधन नहीं है, बल्कि सामाजिक परिवर्तन की सबसे शक्तिशाली शक्ति भी है। सीमित संसाधनों और अनेक चुनौतियों के बावजूद उन्होंने उच्च शिक्षा प्राप्त करने का लक्ष्य नहीं छोड़ा।

उन्होंने एलफिंस्टन कॉलेज से अध्ययन किया और आगे चलकर विश्व के प्रतिष्ठित संस्थानों में शिक्षा प्राप्त की। उन्हें अमेरिका के कोलंबिया विश्वविद्यालय (Columbia University) में अध्ययन का अवसर मिला, जहाँ उन्होंने राजनीति, अर्थशास्त्र, समाजशास्त्र और सार्वजनिक नीति जैसे विषयों का गहन अध्ययन किया।

इसके बाद उन्होंने लंदन स्कूल ऑफ इकोनॉमिक्स (London School of Economics) तथा ग्रेज़ इन (Gray's Inn) में अध्ययन किया। इस प्रकार वे अपने समय के सबसे अधिक शिक्षित भारतीय नेताओं में से एक बने।

डॉ. आंबेडकर की शैक्षिक यात्रा यह दर्शाती है कि ज्ञान केवल व्यक्तिगत सफलता का माध्यम नहीं है; यह समाज को समझने, समस्याओं का समाधान खोजने और न्यायपूर्ण संस्थाओं का निर्माण करने की क्षमता भी प्रदान करता है।

## एक महत्वपूर्ण विचार

डॉ. आंबेडकर ने कहा था:

*"Cultivation of mind should be the ultimate aim of human existence."*

*("मन का विकास मानव अस्तित्व का अंतिम उद्देश्य होना चाहिए।")*

**इस विचार का महत्व**

यह विचार शिक्षा को केवल डिग्री प्राप्त करने का साधन नहीं, बल्कि सोचने, समझने और बेहतर निर्णय लेने की क्षमता विकसित करने की प्रक्रिया के रूप में प्रस्तुत करता है। आज भी यह संदेश विद्यार्थियों, युवाओं और नागरिकों के लिए उतना ही प्रासंगिक है जितना उनके समय में था।

**संविधान सभा में डॉ. आंबेडकर की भूमिका**

भारत की स्वतंत्रता के बाद सबसे महत्वपूर्ण राष्ट्रीय कार्यों में से एक था ऐसा संविधान तैयार करना जो एक लोकतांत्रिक, न्यायपूर्ण और समावेशी राष्ट्र की नींव बन सके। इस ऐतिहासिक जिम्मेदारी को निभाने के लिए संविधान सभा का गठन किया गया।

***29 अगस्त 1947*** को संविधान सभा ने मसौदा समिति (Drafting Committee) का गठन किया और डॉ. भीमराव आंबेडकर को उसका अध्यक्ष नियुक्त किया। यह दायित्व अत्यंत महत्वपूर्ण था क्योंकि संविधान को केवल शासन की रूपरेखा नहीं बनानी थी, बल्कि करोड़ों भारतीयों के अधिकारों, स्वतंत्रताओं और अवसरों की भी रक्षा करनी थी।

डॉ. आंबेडकर ने संविधान निर्माण की प्रक्रिया में गहन कानूनी ज्ञान, तुलनात्मक संवैधानिक अध्ययन और लोकतांत्रिक मूल्यों की समझ का उपयोग किया। उन्होंने विश्व के विभिन्न संविधानों का अध्ययन किया और भारतीय परिस्थितियों के अनुरूप संवैधानिक व्यवस्था विकसित करने में महत्वपूर्ण भूमिका निभाई।

**संविधान के केंद्र में नागरिक**

डॉ. आंबेडकर का दृष्टिकोण स्पष्ट था संविधान का अंतिम उद्देश्य नागरिकों की गरिमा, स्वतंत्रता और समानता की रक्षा होना चाहिए। इसी कारण भारतीय संविधान में मौलिक अधिकारों, न्यायिक संरक्षण और समान अवसरों को विशेष महत्व दिया गया।

उनका मानना था कि लोकतंत्र केवल चुनावों तक सीमित नहीं होना चाहिए। लोकतंत्र का वास्तविक अर्थ यह है कि प्रत्येक नागरिक को सम्मानपूर्वक जीवन जीने, अपनी क्षमता विकसित करने और सार्वजनिक जीवन में भाग लेने का अवसर प्राप्त हो।

**अधिकार और संरक्षण**

संविधान के अनेक महत्वपूर्ण प्रावधान जैसे समानता का अधिकार, भेदभाव के विरुद्ध संरक्षण, अस्पृश्यता का उन्मूलन और संवैधानिक उपचारों का अधिकार एक ऐसे लोकतांत्रिक ढाँचे का निर्माण करते हैं जिसमें नागरिकों के अधिकारों की रक्षा की जा सके।

इसी कारण भारतीय संविधान केवल शासन की व्यवस्था नहीं है; यह नागरिकों और राज्य के बीच एक संवैधानिक विश्वास का दस्तावेज़ भी है।

**एक ऐतिहासिक उत्तरदायित्व**

डॉ. आंबेडकर ने संविधान सभा में अपने कार्य को केवल कानूनी जिम्मेदारी के रूप में नहीं देखा। वे इस बात को समझते थे कि संविधान आने वाली पीढ़ियों के जीवन को प्रभावित करेगा। इसलिए उन्होंने ऐसे संवैधानिक ढाँचे के निर्माण पर बल दिया जो न्याय, स्वतंत्रता, समानता और बंधुत्व के मूल्यों को आगे बढ़ा सके।

आज भी जब नागरिक अपने अधिकारों का उपयोग करते हैं, समानता की मांग करते हैं, न्यायालयों से संरक्षण प्राप्त करते हैं या लोकतांत्रिक प्रक्रियाओं में भाग लेते हैं, तब संविधान निर्माण में डॉ. आंबेडकर के योगदान की झलक दिखाई देती है।

**डॉ. आंबेडकर और संवैधानिक सशक्तिकरण**

डॉ. भीमराव आंबेडकर का विश्वास था कि किसी भी लोकतांत्रिक समाज की वास्तविक शक्ति उसके नागरिकों की जागरूकता, अधिकारों की सुरक्षा और अवसरों की उपलब्धता में निहित होती है। उनके लिए सशक्तिकरण केवल आर्थिक प्रगति का विषय नहीं था; यह शिक्षा, आत्मसम्मान, कानूनी संरक्षण और समान अवसरों से भी जुड़ा हुआ था।

**अधिकार क्यों महत्वपूर्ण हैं?**

यदि किसी व्यक्ति को अपने अधिकारों की जानकारी नहीं है, तो वह अन्याय या भेदभाव की स्थिति में स्वयं की प्रभावी रक्षा नहीं कर सकता। इसी कारण डॉ. आंबेडकर ने संविधान में मौलिक अधिकारों और संवैधानिक उपचारों को विशेष महत्व दिया।

उनका मानना था कि अधिकार केवल कागज़ पर लिखे हुए शब्द नहीं होने चाहिए, बल्कि नागरिकों के जीवन में वास्तविक सुरक्षा और अवसर प्रदान करने वाले साधन होने चाहिए।

**शिक्षा और सशक्तिकरण**

डॉ. आंबेडकर ने शिक्षा को सामाजिक परिवर्तन का सबसे प्रभावी माध्यम माना। उनका विश्वास था कि शिक्षा व्यक्ति को केवल रोजगार नहीं देती, बल्कि

उसे सोचने, प्रश्न पूछने और अपने अधिकारों को समझने की क्षमता भी प्रदान करती है।

यही कारण है कि आज भी शिक्षा को सामाजिक और आर्थिक सशक्तिकरण की आधारशिला माना जाता है। एक शिक्षित नागरिक अपने अधिकारों, कर्तव्यों और उपलब्ध अवसरों को बेहतर ढंग से समझ सकता है।

**प्रतिनिधित्व का महत्व**

डॉ. आंबेडकर यह समझते थे कि लोकतांत्रिक संस्थाएँ तभी अधिक प्रभावी बनती हैं जब समाज के विभिन्न वर्गों को उनमें भागीदारी का अवसर मिले। इसलिए उन्होंने ऐसे संवैधानिक ढाँचे का समर्थन किया जो व्यापक प्रतिनिधित्व और लोकतांत्रिक सहभागिता को प्रोत्साहित कर सके।

प्रतिनिधित्व का अर्थ केवल राजनीतिक भागीदारी नहीं है। इसका संबंध शिक्षा, प्रशासन, सार्वजनिक सेवाओं, नेतृत्व और निर्णय-निर्माण की प्रक्रियाओं में अवसरों की उपलब्धता से भी है।

**संवैधानिक जागरूकता की आवश्यकता**

डॉ. आंबेडकर का मानना था कि संविधान कितना भी अच्छा क्यों न हो, उसकी सफलता अंततः उन लोगों पर निर्भर करेगी जो उसे लागू करते हैं और जो उसके मूल्यों का सम्मान करते हैं।

इसी कारण संवैधानिक जागरूकता किसी भी लोकतंत्र के लिए अत्यंत महत्वपूर्ण है। जब नागरिक अपने अधिकारों और कर्तव्यों को समझते हैं, तब वे लोकतांत्रिक व्यवस्था को अधिक उत्तरदायी, समावेशी और मजबूत बनाने में योगदान दे सकते हैं।

**अधिकार से सशक्तिकरण तक**

डॉ. आंबेडकर की विरासत हमें यह सिखाती है कि सशक्तिकरण की यात्रा जागरूकता से शुरू होती है। जब व्यक्ति अपने अधिकारों को जानता है, शिक्षा प्राप्त करता है, उपलब्ध अवसरों का उपयोग करता है और लोकतांत्रिक प्रक्रियाओं में भाग लेता है, तब वह अपने जीवन और समाज दोनों में सकारात्मक परिवर्तन ला सकता है।

यही विचार इस पुस्तक की मूल भावना "*अधिकार से सशक्तिकरण तक*" का आधार है।

**आज के भारत में डॉ. आंबेडकर की प्रासंगिकता**

डॉ. भीमराव आंबेडकर का जीवन और कार्य केवल इतिहास का विषय नहीं है। उनके अनेक विचार आज भी भारतीय लोकतंत्र, शिक्षा, सामाजिक प्रगति और

संवैधानिक व्यवस्था को समझने में महत्वपूर्ण मार्गदर्शन प्रदान करते हैं।

**विद्यार्थियों के लिए प्रेरणा**

डॉ. आंबेडकर का जीवन यह दर्शाता है कि शिक्षा व्यक्ति और समाज दोनों के विकास का शक्तिशाली माध्यम है। उन्होंने ज्ञान को परिवर्तन की शक्ति माना और स्वयं अपने जीवन में इसका उदाहरण प्रस्तुत किया।

आज के विद्यार्थियों के लिए उनका संदेश स्पष्ट है शिक्षा केवल परीक्षा पास करने का साधन नहीं, बल्कि सोचने, समझने और बेहतर नागरिक बनने का माध्यम भी है।

**संवैधानिक जागरूकता का महत्व**

भारत दुनिया का सबसे बड़ा लोकतंत्र है। ऐसे लोकतंत्र की सफलता इस बात पर निर्भर करती है कि उसके नागरिक अपने अधिकारों, कर्तव्यों और संवैधानिक मूल्यों को कितना समझते हैं।

डॉ. आंबेडकर ने नागरिक जागरूकता और लोकतांत्रिक उत्तरदायित्व को अत्यंत महत्वपूर्ण माना। आज भी संविधान की समझ नागरिकों को अधिक जागरूक, आत्मविश्वासी और जिम्मेदार बनाती है।

**समान अवसर और सामाजिक प्रगति**

डॉ. आंबेडकर का विश्वास था कि किसी भी समाज की प्रगति का आकलन इस बात से किया जाना चाहिए कि वह अपने सभी नागरिकों को अवसरों तक कितनी न्यायपूर्ण पहुँच प्रदान करता है।

आज शिक्षा, कौशल विकास, रोजगार, उद्यमिता और नेतृत्व के क्षेत्र में उपलब्ध अवसरों का लाभ उठाने के लिए संवैधानिक प्रावधानों और सार्वजनिक संस्थाओं की समझ महत्वपूर्ण है।

**लोकतंत्र में सक्रिय भागीदारी**

लोकतंत्र केवल मतदान तक सीमित नहीं है। यह नागरिकों की सक्रिय भागीदारी, सार्वजनिक संवाद, सामाजिक उत्तरदायित्व और संवैधानिक मूल्यों के सम्मान पर भी आधारित है।

डॉ. आंबेडकर का जीवन हमें यह सिखाता है कि जागरूक नागरिक लोकतंत्र की सबसे बड़ी शक्ति होते हैं। जब लोग संविधान को समझते हैं और उसके मूल्यों को अपने जीवन में अपनाने का प्रयास करते हैं, तब राष्ट्र अधिक मजबूत और समावेशी बनता है।

**एक स्थायी विरासत**

डॉ. आंबेडकर की सबसे बड़ी विरासत केवल उनके द्‌वारा निभाए गए पद या प्राप्त उपलब्धियाँ नहीं हैं। उनकी वास्तविक विरासत शिक्षा, संवैधानिकता, समान अवसर, मानव गरिमा और लोकतांत्रिक मूल्यों में निहित है।

इसी कारण उनकी विचारधारा आज भी लाखों लोगों को ज्ञान, जागरूकता और सकारात्मक परिवर्तन की दिशा में प्रेरित करती है।

**डॉ. आंबेडकर से हम क्या सीख सकते हैं?**

डॉ. भीमराव आंबेडकर का जीवन केवल इतिहास का एक अध्याय नहीं है, बल्कि सीखों का एक ऐसा स्रोत है जो आज भी विद्‌यार्थियों, युवाओं और नागरिकों का मार्गदर्शन कर सकता है। उनकी यात्रा हमें यह दिखाती है कि शिक्षा, ज्ञान, अनुशासन और संवैधानिक मूल्यों के प्रति प्रतिबद्‌धता समाज में सकारात्मक परिवर्तन ला सकती है।

**1. शिक्षा को सर्वोच्च प्राथमिकता दें**

डॉ. आंबेडकर का जीवन इस बात का प्रमाण है कि शिक्षा व्यक्ति के जीवन की दिशा बदल सकती है। उन्होंने कठिन परिस्थितियों के बावजूद ज्ञान प्राप्ति को अपना सबसे बड़ा लक्ष्य बनाया। यह संदेश आज भी उतना ही महत्वपूर्ण है जितना उनके समय में था।

**2. अपने अधिकारों को जानें**

अधिकार तभी प्रभावी होते हैं जब नागरिक उन्हें समझते हैं। संविधान नागरिकों को अनेक अधिकार प्रदान करता है, लेकिन उनकी जानकारी के बिना उनका लाभ सीमित हो सकता है। इसलिए संवैधानिक जागरूकता सशक्तिकरण का महत्वपूर्ण आधार है।

**3. आलोचनात्मक सोच विकसित करें**

डॉ. आंबेडकर ने अध्ययन, तर्क और विश्लेषण को अत्यधिक महत्व दिया। उन्होंने समाज की समस्याओं को समझने और उनके समाधान खोजने के लिए गहन अध्ययन का मार्ग अपनाया। यह दृष्टिकोण आज भी विद्‌यार्थियों और युवाओं के लिए अत्यंत उपयोगी है।

**4. लोकतांत्रिक मूल्यों का सम्मान करें**

समानता, स्वतंत्रता, न्याय और बंधुत्व भारतीय संविधान के मूल मूल्य हैं। डॉ. आंबेडकर का मानना था कि लोकतंत्र केवल संस्थाओं से नहीं, बल्कि नागरिकों के व्यवहार और सोच से भी मजबूत होता है।

**5. अवसरों का उपयोग करें**

संविधान और विभिन्न सार्वजनिक संस्थाएँ नागरिकों को अनेक अवसर प्रदान करती हैं। शिक्षा, कौशल विकास, छात्रवृत्तियाँ, सार्वजनिक सेवाएँ और नेतृत्व के अवसर तभी प्रभावी बनते हैं जब नागरिक उनके प्रति जागरूक हों और उनका उपयोग करने का प्रयास करें।

**6. समाज में सकारात्मक योगदान दें**

डॉ. आंबेडकर का जीवन केवल व्यक्तिगत उपलब्धियों की कहानी नहीं है। उन्होंने अपने ज्ञान और अनुभव का उपयोग समाज और राष्ट्र के विकास के लिए किया। यह हमें याद दिलाता है कि व्यक्तिगत प्रगति और सामाजिक उत्तरदायित्व साथ-साथ चल सकते हैं।

**अंतिम संदेश**

डॉ. आंबेडकर की सबसे बड़ी सीख यह है कि ज्ञान, जागरूकता और संवैधानिक मूल्यों के प्रति सम्मान व्यक्ति और समाज दोनों को सशक्त बना सकते हैं। जब नागरिक शिक्षा प्राप्त करते हैं, अपने अधिकारों को समझते हैं और लोकतांत्रिक मूल्यों को अपनाते हैं, तब वे अपने जीवन के साथ-साथ राष्ट्र के भविष्य को भी बेहतर बनाने में योगदान देते हैं।

**मुख्य बिंदु**

- डॉ. आंबेडकर का जीवन शिक्षा और दृढ़ संकल्प की शक्ति का उदाहरण है।
- उन्होंने विश्वस्तरीय शिक्षा प्राप्त कर संविधान निर्माण में महत्वपूर्ण भूमिका निभाई।
- मसौदा समिति के अध्यक्ष के रूप में उन्होंने लोकतांत्रिक और समावेशी संविधान के निर्माण में योगदान दिया।
- उन्होंने शिक्षा, अधिकारों और संवैधानिक जागरूकता को सशक्तिकरण का आधार माना।
- समानता, न्याय, स्वतंत्रता और बंधुत्व उनके संवैधानिक दृष्टिकोण के प्रमुख स्तंभ थे।
- उनकी विरासत आज भी विद्यार्थियों, युवाओं और नागरिकों को प्रेरित करती है।
- संवैधानिक साक्षरता और शिक्षा सामाजिक प्रगति के महत्वपूर्ण साधन हैं।

**चिंतन के प्रश्न**

1. डॉ. आंबेडकर की शैक्षिक यात्रा से आपको सबसे महत्वपूर्ण क्या सीख मिलती है?
2. संविधान निर्माण में उनकी भूमिका को ऐतिहासिक क्यों माना जाता है?
3. शिक्षा और संवैधानिक जागरूकता सशक्तिकरण में कैसे योगदान देती हैं?
4. डॉ. आंबेडकर के कौन-से विचार आज के भारत में सबसे अधिक प्रासंगिक हैं?
5. आप अपने जीवन में उनकी कौन-सी सीख अपनाना चाहेंगे?

## संदर्भ


- संविधान सभा वाद-विवाद (Constituent Assembly Debates)
- डॉ. बी. आर. आंबेडकर का 25 नवंबर 1949 का संविधान सभा भाषण
- Annihilation of Caste
- States and Minorities
- The Buddha and His Dhamma
- डॉ. बाबासाहेब आंबेडकर: राइटिंग्स एंड स्पीचेज़ (Government of Maharashtra)
- भारत का संविधान

# 5

# आरक्षण: क्यों है और कैसे काम करता है

**एक सामान्य प्रश्न**

भारत में आरक्षण शायद सबसे अधिक चर्चा और बहस का विषय रहा है। कुछ लोग इसे सामाजिक न्याय का महत्वपूर्ण साधन मानते हैं, जबकि कुछ लोग इसके विभिन्न पहलुओं पर प्रश्न उठाते हैं। लेकिन किसी भी मत या दृष्टिकोण से पहले एक महत्वपूर्ण प्रश्न पूछा जाना चाहिए आरक्षण वास्तव में है क्या, और इसे संविधान में क्यों स्थान दिया गया?

इस प्रश्न का उत्तर समझने के लिए हमें आरक्षण को केवल वर्तमान नीतियों के संदर्भ में नहीं, बल्कि उसके ऐतिहासिक, सामाजिक और संवैधानिक संदर्भ में भी देखना होगा।

आरक्षण का मूल उद्देश्य किसी विशेष समुदाय को विशेषाधिकार देना नहीं था। इसका उद्देश्य उन परिस्थितियों को ध्यान में रखना था जिनके कारण समाज के कुछ वर्ग लंबे समय तक शिक्षा, सार्वजनिक सेवाओं और निर्णय-निर्माण की प्रक्रियाओं में पर्याप्त अवसर प्राप्त नहीं कर सके।

इसी कारण भारतीय संविधान ने कुछ परिस्थितियों में ऐसे विशेष प्रावधानों की अनुमति दी जिनका उद्देश्य अवसरों तक अधिक न्यायपूर्ण पहुँच सुनिश्चित करना था।

आरक्षण को समझने के लिए यह भी आवश्यक है कि हम उसके इतिहास, संवैधानिक आधार, उद्देश्यों और व्यावहारिक स्वरूप को तथ्यों के आधार पर समझें। यही इस अध्याय का उद्देश्य है।

**एक कठिन लेकिन महत्वपूर्ण प्रश्न**

*यदि संविधान सभी नागरिकों को समानता का अधिकार देता है, तो फिर विशेष प्रावधानों और आरक्षण की आवश्यकता क्यों पड़ी?*

*क्या समानता का अर्थ सभी के साथ बिल्कुल समान व्यवहार करना है?*

*या फिर समानता का अर्थ यह भी है कि अलग-अलग परिस्थितियों में खड़े लोगों को अवसरों तक पहुँचने के लिए अलग प्रकार की सहायता की आवश्यकता हो सकती है?*

*इन्हीं प्रश्नों के उत्तर खोजने के लिए हमें आरक्षण की ऐतिहासिक और संवैधानिक पृष्ठभूमि को समझना होगा।*

**आरक्षण की ऐतिहासिक पृष्ठभूमि**

आरक्षण को समझने के लिए उसके ऐतिहासिक संदर्भ को समझना आवश्यक है। भारतीय संविधान में आरक्षण का विचार अचानक नहीं आया था। इसके पीछे एक लंबा सामाजिक, शैक्षिक और प्रशासनिक इतिहास मौजूद था।

स्वतंत्रता से पहले भारत के अनेक समुदाय शिक्षा, सरकारी सेवाओं और सार्वजनिक संस्थाओं में पर्याप्त प्रतिनिधित्व प्राप्त नहीं कर सके थे। समाज के कुछ वर्गों के लिए उच्च शिक्षा, प्रशासनिक पदों और निर्णय-निर्माण की प्रक्रियाओं तक पहुँच सीमित थी। परिणामस्वरूप अवसरों का वितरण समान नहीं था।

उन्नीसवीं और बीसवीं शताब्दी में कई सामाजिक सुधारकों और जननेताओं ने इस स्थिति की ओर ध्यान आकर्षित किया। ज्योतिराव फुले, सावित्रीबाई फुले, छत्रपति शाहू महाराज और डॉ. भीमराव आंबेडकर जैसे व्यक्तित्वों ने शिक्षा, प्रतिनिधित्व और सामाजिक न्याय के महत्व पर बल दिया।

विशेष रूप से छत्रपति शाहू महाराज द्वारा कोल्हापुर राज्य में पिछड़े वर्गों के लिए किए गए प्रयासों को भारत में प्रतिनिधित्व संबंधी नीतियों के प्रारंभिक उदाहरणों में गिना जाता है।

ब्रिटिश काल के अंतिम वर्षों में भी प्रतिनिधित्व और राजनीतिक भागीदारी से जुड़े प्रश्न महत्वपूर्ण बन चुके थे। विभिन्न आयोगों, समितियों और राजनीतिक चर्चाओं में यह प्रश्न उठाया गया कि समाज के विभिन्न वर्गों को सार्वजनिक संस्थाओं में उचित भागीदारी कैसे सुनिश्चित की जाए।

जब संविधान सभा ने स्वतंत्र भारत के भविष्य पर विचार किया, तब उसके सामने केवल कानूनी समानता स्थापित करने का प्रश्न नहीं था। उसे यह भी देखना था कि ऐतिहासिक रूप से अवसरों से वंचित समुदायों को शिक्षा, रोजगार और सार्वजनिक जीवन में आगे बढ़ने के लिए किस प्रकार की संवैधानिक व्यवस्था

उपलब्ध कराई जाए।

इसी ऐतिहासिक पृष्ठभूमि ने आगे चलकर संविधान में ऐसे प्रावधानों के लिए आधार तैयार किया जिन्हें आज हम आरक्षण और अन्य विशेष संवैधानिक उपायों के रूप में जानते हैं।

संविधान निर्माताओं ने आरक्षण की आवश्यकता क्यों महसूस की?

भारतीय संविधान का एक मूल उद्देश्य सभी नागरिकों के लिए समानता और न्याय सुनिश्चित करना था। लेकिन संविधान निर्माताओं के सामने एक महत्वपूर्ण प्रश्न था क्या केवल कानूनी समानता पर्याप्त होगी, या कुछ परिस्थितियों में अतिरिक्त संवैधानिक उपायों की भी आवश्यकता होगी?

संविधान सभा के अनेक सदस्यों का मानना था कि यदि समाज के कुछ वर्ग लंबे समय तक शिक्षा, प्रशासन और सार्वजनिक संस्थाओं से दूर रहे हों, तो केवल समान नियम बना देना पर्याप्त नहीं होगा। ऐसी स्थिति में अवसरों तक वास्तविक पहुँच सुनिश्चित करने के लिए कुछ विशेष प्रावधानों की आवश्यकता हो सकती है।

यही कारण है कि भारतीय संविधान ने समानता के सिद्धांत को स्वीकार करते हुए कुछ परिस्थितियों में विशेष उपायों की अनुमति भी दी। इन उपायों का उद्देश्य किसी समूह को स्थायी विशेषाधिकार प्रदान करना नहीं था, बल्कि अवसरों तक अधिक न्यायपूर्ण पहुँच उपलब्ध कराना था।

**समानता और अवसरों की समानता**

यहाँ एक महत्वपूर्ण अंतर समझना आवश्यक है।

समानता (Equality) का अर्थ है कि सभी नागरिक कानून के समक्ष समान हैं।

लेकिन अवसरों की समानता (Equality of Opportunity) का अर्थ है कि लोगों को अपनी क्षमता विकसित करने और आगे बढ़ने के लिए वास्तविक अवसर भी प्राप्त हों।

संविधान निर्माताओं का मानना था कि यदि प्रारंभिक परिस्थितियाँ अत्यधिक असमान हों, तो केवल समान नियम पर्याप्त परिणाम नहीं दे सकते। इसलिए कुछ विशेष संवैधानिक प्रावधानों को सामाजिक न्याय और अवसरों की समानता के व्यापक उद्देश्य से जोड़ा गया।

**एक सरल उदाहरण**

कल्पना कीजिए कि एक प्रतियोगिता में सभी प्रतिभागियों को समान नियम दिए जाएँ। यदि कुछ प्रतिभागियों को पहले से बेहतर संसाधन, शिक्षा और तैयारी के अवसर उपलब्ध रहे हों जबकि अन्य को नहीं, तो परिणामों में अंतर दिखाई देना

स्वाभाविक है।

संविधान निर्माताओं ने इसी प्रकार के प्रश्नों पर विचार किया। उनका उद्देश्य प्रतिस्पर्धा को समाप्त करना नहीं था, बल्कि अधिक लोगों को प्रतिस्पर्धा में प्रभावी रूप से भाग लेने का अवसर प्रदान करना था।

**संविधान की दृष्टि**

भारतीय संविधान समानता और सामाजिक न्याय को एक-दूसरे के विरोधी सिद्धांतों के रूप में नहीं देखता। इसके विपरीत, संविधान इन दोनों के बीच संतुलन स्थापित करने का प्रयास करता है।

इसी दृष्टिकोण ने आगे चलकर शिक्षा, सार्वजनिक रोजगार और प्रतिनिधित्व से संबंधित विभिन्न संवैधानिक प्रावधानों और नीतियों के लिए आधार तैयार किया।

**आरक्षण का संवैधानिक आधार**

आरक्षण और अन्य विशेष प्रावधानों को समझने के लिए भारतीय संविधान के कुछ महत्वपूर्ण अनुच्छेदों को जानना आवश्यक है। ये अनुच्छेद समानता, सामाजिक न्याय और अवसरों तक पहुँच के बीच संतुलन स्थापित करने का प्रयास करते हैं।

- **अनुच्छेद 15(4)**

संविधान का अनुच्छेद 15(4) राज्य को सामाजिक और शैक्षिक रूप से पिछड़े वर्गों तथा अनुसूचित जातियों (SC) और अनुसूचित जनजातियों (ST) के हित में विशेष प्रावधान करने की अनुमति देता है।

इस प्रावधान का उद्देश्य शिक्षा और विकास के अवसरों तक अधिक न्यायपूर्ण पहुँच सुनिश्चित करना है।

- **अनुच्छेद 15(5)**

अनुच्छेद 15(5) राज्य को शैक्षणिक संस्थानों में प्रवेश से संबंधित विशेष प्रावधान करने की अनुमति देता है। इसका उद्देश्य उन वर्गों के लिए शैक्षिक अवसरों का विस्तार करना है जिन्हें ऐतिहासिक रूप से सीमित पहुँच प्राप्त रही है।

- **अनुच्छेद 16(4)**

अनुच्छेद 16(4) राज्य को ऐसे पिछड़े वर्गों के लिए विशेष प्रावधान करने की अनुमति देता है जो सरकारी सेवाओं में पर्याप्त प्रतिनिधित्व प्राप्त नहीं कर पाए हैं।

यह प्रावधान सार्वजनिक रोजगार में अवसरों की समानता और व्यापक भागीदारी के सिद्धांत से जुड़ा हुआ है।

- **अनुच्छेद 16(4A)**

संविधान में समय-समय पर किए गए संशोधनों के माध्यम से कुछ अतिरिक्त प्रावधान भी जोड़े गए। अनुच्छेद 16(4A) विशेष परिस्थितियों में पदोन्नति से संबंधित आरक्षण व्यवस्था के लिए संवैधानिक आधार प्रदान करता है।

इस विषय पर न्यायालयों और नीति निर्माताओं के बीच समय-समय पर विस्तृत चर्चा और व्याख्याएँ होती रही हैं।

- **अनुच्छेद 46**

अनुच्छेद 46 राज्य को विशेष रूप से अनुसूचित जातियों, अनुसूचित जनजातियों और अन्य कमजोर वर्गों के शैक्षिक तथा आर्थिक हितों को बढ़ावा देने का निर्देश देता है।

यह संविधान के नीति-निर्देशक तत्वों का हिस्सा है और सामाजिक न्याय के व्यापक उद्देश्य को दर्शाता है।

**एक महत्वपूर्ण तथ्य**

*आरक्षण का संवैधानिक आधार केवल एक अनुच्छेद पर आधारित नहीं है। यह विभिन्न संवैधानिक प्रावधानों, न्यायिक व्याख्याओं और नीतिगत व्यवस्थाओं के संयुक्त ढाँचे का हिस्सा है।*

*इसी कारण आरक्षण को समझने के लिए उसके कानूनी, ऐतिहासिक और संवैधानिक संदर्भों को साथ-साथ देखना आवश्यक है।*

# आरक्षण के बारे में पाँच सबसे बड़े भ्रम

आरक्षण के बारे में कई धारणाएं अधूरी जानकारी, गलतफहमियों या सामान्यीकरण पर आधारित होती हैं। तथ्यों और धारणाओं के बीच अंतर समझना आवश्यक है।

## 1 भ्रम 1: आरक्षण केवल गरीबी के लिए है

**तथ्य:**

- आरक्षण का मूल संवैधानिक आधार केवल आर्थिक स्थिति नहीं है। यह सामाजिक और शैक्षिक पिछड़ेपन, प्रतिनिधित्व तथा ऐतिहासिक वंचनाओं जैसे कारकों से भी जुड़ा है।
- आर्थिक स्थिति महत्वपूर्ण हो सकती है, लेकिन आरक्षण की संवैधानिक संरचना केवल आय के आधार पर निर्मित नहीं की गई थी।

## 2 भ्रम 2: आरक्षण संविधान में नहीं है

**तथ्य:**

- भारतीय संविधान के अनुच्छेद 15(4), 15(5), 16(4), 16(4A) तथा अन्य संबंधित प्रावधान विशेष परिस्थितियों में आरक्षण और अन्य विशेष उपायों के लिए संवैधानिक आधार प्रदान करते हैं।
- इसलिए यह कहना कि आरक्षण का संविधान से कोई संबंध नहीं है, तथ्यात्मक रूप से सही नहीं है।

## 3 भ्रम 3: आरक्षण केवल सरकारी नौकरियों के लिए है

**तथ्य:**

- आरक्षण और विशेष प्रावधान केवल सार्वजनिक रोजगार तक सीमित नहीं हैं। शिक्षा, छात्रवृत्तियों, प्रतिनिधित्व और कुछ अन्य नीतिगत व्यवस्थाओं में भी संबंधित संवैधानिक प्रावधानों का प्रभाव देखा जा सकता है।

## 4 भ्रम 4: सभी राज्यों में आरक्षण की व्यवस्था बिल्कुल समान है

**तथ्य:**

- भारत एक संघीय व्यवस्था वाला देश है। इसलिए विभिन्न राज्यों में सामाजिक संरचना, पिछड़े वर्गों की सूची और कुछ नीतिगत व्यवस्थाओं में अंतर हो सकता है।
- इस कारण किसी एक राज्य की व्यवस्था को पूरे भारत पर लागू मान लेना सही नहीं होगा।

## 5 भ्रम 5: आरक्षण पर कोई चर्चा या समीक्षा नहीं होती

**तथ्य:**

- आरक्षण से संबंधित नीतियों, न्यायिक निर्णयों, आयोगों की सिफारिशों और संवैधानिक व्याख्याओं पर समय-समय पर चर्चा, समीक्षा और विचार-विमर्श होता रहा है।
- यह विषय भारतीय लोकतंत्र, न्यायपालिका, नीति-निर्माताओं और नागरिक समाज के बीच निरंतर विमर्श का हिस्सा रहा है।

**निष्कर्ष**

किसी भी महत्वपूर्ण सार्वजनिक नीति को समझने के लिए तथ्यों, संवैधानिक प्रावधानों और ऐतिहासिक संदर्भों को साथ लेकर चलना आवश्यक है। आरक्षण भी ऐसा ही एक विषय है, जिसे केवल नारों, धारणाओं या सोशल मीडिया चर्चाओं के आधार पर नहीं समझा जा सकता।

**आरक्षण के बारे में पाँच सबसे बड़े भ्रम**

आरक्षण भारत के सबसे अधिक चर्चित विषयों में से एक है। लेकिन इसके बारे में कई धारणाएँ ऐसी भी हैं जो अधूरी जानकारी, गलतफहमियों या सामान्यीकरण पर आधारित होती हैं। इसलिए तथ्यों और धारणाओं के बीच अंतर समझना आवश्यक है।

**भ्रम 1: आरक्षण केवल गरीबी के लिए है**

तथ्य:

आरक्षण का मूल संवैधानिक आधार केवल आर्थिक स्थिति नहीं है। संविधान में आरक्षण से संबंधित प्रावधान सामाजिक और शैक्षिक पिछड़ेपन, प्रतिनिधित्व तथा ऐतिहासिक वंचनाओं जैसे कारकों से भी जुड़े हुए हैं।

आर्थिक स्थिति महत्वपूर्ण हो सकती है, लेकिन आरक्षण की संवैधानिक संरचना केवल आय के आधार पर निर्मित नहीं की गई थी।

**भ्रम 2: आरक्षण संविधान में नहीं है**

तथ्य:

भारतीय संविधान के अनुच्छेद 15(4), 15(5), 16(4), 16(4A) तथा अन्य संबंधित प्रावधान विशेष परिस्थितियों में आरक्षण और अन्य विशेष उपायों के लिए संवैधानिक आधार प्रदान करते हैं।

इसलिए यह कहना कि आरक्षण का संविधान से कोई संबंध नहीं है, तथ्यात्मक रूप से सही नहीं है।

**भ्रम 3: आरक्षण केवल सरकारी नौकरियों के लिए है**

तथ्य:

आरक्षण और विशेष प्रावधान केवल सार्वजनिक रोजगार तक सीमित नहीं हैं। शिक्षा, छात्रवृत्तियों, प्रतिनिधित्व और कुछ अन्य नीतिगत व्यवस्थाओं में भी संबंधित संवैधानिक प्रावधानों का प्रभाव देखा जा सकता है।

**भ्रम 4: सभी राज्यों में आरक्षण की व्यवस्था बिल्कुल समान है**

तथ्य:

भारत एक संघीय व्यवस्था वाला देश है। इसलिए विभिन्न राज्यों में सामाजिक संरचना, पिछड़े वर्गों की सूची और कुछ नीतिगत व्यवस्थाओं में अंतर हो सकता है।

इस कारण किसी एक राज्य की व्यवस्था को पूरे भारत पर लागू मान लेना सही नहीं होगा।

**भ्रम 5: आरक्षण पर कोई चर्चा या समीक्षा नहीं होती**

तथ्य:

आरक्षण से संबंधित नीतियों, न्यायिक निर्णयों, आयोगों की सिफारिशों और संवैधानिक व्याख्याओं पर समय-समय पर चर्चा, समीक्षा और विचार-विमर्श होता रहा है।

यह विषय भारतीय लोकतंत्र, न्यायपालिका, नीति-निर्माताओं और नागरिक समाज के बीच निरंतर विमर्श का हिस्सा रहा है।

**निष्कर्ष**

किसी भी महत्वपूर्ण सार्वजनिक नीति को समझने के लिए तथ्यों, संवैधानिक प्रावधानों और ऐतिहासिक संदर्भों को साथ लेकर चलना आवश्यक है। आरक्षण भी ऐसा ही एक विषय है, जिसे केवल नारों, धारणाओं या सोशल मीडिया चर्चाओं के आधार पर नहीं समझा जा सकता।

**आरक्षण पर समकालीन चर्चा: विभिन्न दृष्टिकोण**

भारतीय लोकतंत्र में आरक्षण एक ऐसा विषय है जिस पर समय-समय पर व्यापक चर्चा होती रही है। यह चर्चा केवल राजनीति तक सीमित नहीं है, बल्कि शिक्षा, सार्वजनिक नीति, सामाजिक न्याय, प्रतिनिधित्व और अवसरों की समानता जैसे प्रश्नों से भी जुड़ी हुई है।

एक लोकतांत्रिक समाज में किसी भी महत्वपूर्ण नीति पर विभिन्न दृष्टिकोणों का होना स्वाभाविक है। आरक्षण के विषय में भी ऐसा ही देखा जाता है।

**दृष्टिकोण 1: सामाजिक न्याय और प्रतिनिधित्व**

कई विद्वान, सामाजिक विचारक और नीति विशेषज्ञ आरक्षण को सामाजिक न्याय और प्रतिनिधित्व सुनिश्चित करने का एक महत्वपूर्ण साधन मानते हैं। उनके अनुसार आरक्षण का उद्देश्य उन समुदायों को अवसरों तक बेहतर पहुँच प्रदान करना है जो ऐतिहासिक रूप से शिक्षा, प्रशासन और सार्वजनिक संस्थाओं में पर्याप्त प्रतिनिधित्व प्राप्त नहीं कर पाए थे।

इस दृष्टिकोण के अनुसार आरक्षण केवल रोजगार या शिक्षा से संबंधित नीति नहीं है, बल्कि लोकतांत्रिक भागीदारी को व्यापक बनाने का एक माध्यम भी है।

**दृष्टिकोण 2: प्रभावशीलता और समीक्षा की आवश्यकता**

कुछ विशेषज्ञ यह तर्क देते हैं कि किसी भी सार्वजनिक नीति की तरह आरक्षण की प्रभावशीलता का भी समय-समय पर मूल्यांकन होना चाहिए। उनके अनुसार यह देखना महत्वपूर्ण है कि नीतियाँ अपने उद्देश्यों को किस हद तक प्राप्त कर रही हैं और किन क्षेत्रों में सुधार की आवश्यकता है।

इस दृष्टिकोण का केंद्र आरक्षण के सिद्धांत का विरोध नहीं, बल्कि उसकी कार्यप्रणाली और प्रभाव का मूल्यांकन होता है।

**दृष्टिकोण 3: अवसरों के व्यापक विस्तार पर बल**

कुछ विचारक यह मानते हैं कि आरक्षण के साथ-साथ शिक्षा, कौशल विकास, छात्रवृत्तियों, उद्यमिता सहायता, गुणवत्तापूर्ण विद्यालयों और आर्थिक अवसरों के विस्तार पर भी विशेष ध्यान दिया जाना चाहिए।

उनका तर्क है कि दीर्घकालिक सशक्तिकरण के लिए केवल एक नीति पर्याप्त नहीं होती; इसके लिए अनेक संस्थागत और सामाजिक प्रयासों की आवश्यकता होती है।

**लोकतंत्र में संवाद का महत्व**

भारतीय संविधान नागरिकों को विचार-विमर्श और लोकतांत्रिक संवाद की स्वतंत्रता प्रदान करता है। इसलिए आरक्षण जैसे महत्वपूर्ण विषयों पर विभिन्न दृष्टिकोणों का अस्तित्व लोकतांत्रिक प्रक्रिया का स्वाभाविक हिस्सा है।

महत्वपूर्ण बात यह है कि चर्चा तथ्यों, संवैधानिक मूल्यों और पारस्परिक सम्मान के आधार पर हो। जब संवाद तथ्यों और संवैधानिक समझ पर आधारित होता है, तब समाज बेहतर नीतियों और अधिक प्रभावी समाधान की दिशा में आगे बढ़ सकता है।

**एक संतुलित निष्कर्ष**

आरक्षण को समझने के लिए केवल समर्थन या विरोध के दृष्टिकोण से देखना पर्याप्त नहीं है। इसे उसके ऐतिहासिक संदर्भ, संवैधानिक आधार, सामाजिक उद्देश्यों और व्यावहारिक प्रभावों के साथ समझना अधिक उपयोगी है।

इसी संतुलित समझ के माध्यम से नागरिक इस विषय पर अधिक जागरूक, तथ्य-आधारित और जिम्मेदार दृष्टिकोण विकसित कर सकते हैं।

**आरक्षण से आगे: सशक्तिकरण के अन्य साधन**

आरक्षण भारतीय संविधान द्वारा मान्यता प्राप्त महत्वपूर्ण उपायों में से एक है, लेकिन सशक्तिकरण की प्रक्रिया केवल आरक्षण तक सीमित नहीं है। किसी भी व्यक्ति या समुदाय की दीर्घकालिक प्रगति के लिए शिक्षा, कौशल, आर्थिक अवसर, नेतृत्व क्षमता और संवैधानिक जागरूकता भी समान रूप से महत्वपूर्ण हैं।

**शिक्षा: सशक्तिकरण की आधारशिला**

शिक्षा व्यक्ति को ज्ञान, आत्मविश्वास और अवसर प्रदान करती है। एक शिक्षित नागरिक अपने अधिकारों को बेहतर ढंग से समझ सकता है, उपलब्ध

अवसरों का उपयोग कर सकता है और अपने जीवन की दिशा स्वयं निर्धारित कर सकता है।

इसी कारण भारत में विभिन्न छात्रवृत्ति योजनाएँ, छात्रावास सुविधाएँ, कोचिंग सहायता कार्यक्रम और उच्च शिक्षा के अवसर सशक्तिकरण के महत्वपूर्ण साधन माने जाते हैं।

**कौशल विकास और रोजगार**

आज के समय में केवल औपचारिक शिक्षा ही पर्याप्त नहीं है। कौशल विकास, तकनीकी प्रशिक्षण और व्यावसायिक दक्षताएँ भी रोजगार और आत्मनिर्भरता के लिए महत्वपूर्ण हैं।

सरकारी और निजी दोनों क्षेत्रों में अनेक कार्यक्रम युवाओं को नई क्षमताएँ विकसित करने और रोजगार के अवसर प्राप्त करने में सहायता प्रदान करते हैं।

**उद्‌यमिता और आर्थिक आत्मनिर्भरता**

सशक्तिकरण का एक महत्वपूर्ण आयाम आर्थिक आत्मनिर्भरता भी है। जब व्यक्ति रोजगार खोजने के साथ-साथ रोजगार उत्पन्न करने की क्षमता विकसित करता है, तब वह अपने साथ-साथ समाज में भी सकारात्मक योगदान देता है।

उद्‌यमिता, लघु व्यवसाय, स्टार्टअप और स्वरोजगार के अवसर आज अनेक युवाओं के लिए प्रगति का नया मार्ग बन रहे हैं।

**नेतृत्व और प्रतिनिधित्व**

सशक्तिकरण केवल आर्थिक या शैक्षिक उपलब्धि तक सीमित नहीं है। नेतृत्व क्षमता, सार्वजनिक जीवन में भागीदारी और सामाजिक उत्तरदायित्व भी महत्वपूर्ण हैं।

विद्‌यालयों, महाविद्‌यालयों, स्थानीय निकायों, सामाजिक संगठनों और लोकतांत्रिक संस्थाओं में भागीदारी नागरिकों को नेतृत्व विकसित करने का अवसर प्रदान करती है।

**संवैधानिक जागरूकता**

किसी भी अधिकार का वास्तविक लाभ तभी प्राप्त किया जा सकता है जब नागरिक उसके बारे में जानते हों। इसलिए संवैधानिक जागरूकता सशक्तिकरण का एक महत्वपूर्ण स्तंभ है।

जब लोग अपने अधिकारों, कर्तव्यों और उपलब्ध संस्थागत सहायता तंत्र को समझते हैं, तब वे अपने जीवन से जुड़े निर्णय अधिक आत्मविश्वास और जागरूकता के साथ ले सकते हैं।

**एक व्यापक दृष्टिकोण**

सशक्तिकरण किसी एक नीति, योजना या प्रावधान का परिणाम नहीं होता। यह शिक्षा, अवसर, अधिकार, जागरूकता, कौशल और भागीदारी के संयुक्त प्रभाव से विकसित होने वाली प्रक्रिया है।

इसी कारण दीर्घकालिक प्रगति के लिए आरक्षण के साथ-साथ शिक्षा, कौशल विकास, आर्थिक अवसरों और नेतृत्व निर्माण पर भी ध्यान देना आवश्यक है।

**आरक्षण को समझने का संतुलित दृष्टिकोण**

आरक्षण भारत की सबसे महत्वपूर्ण सार्वजनिक नीतियों में से एक है। इसे समझने के लिए केवल वर्तमान बहसों या व्यक्तिगत अनुभवों पर निर्भर रहना पर्याप्त नहीं है। इसके ऐतिहासिक संदर्भ, संवैधानिक आधार, सामाजिक उद्देश्यों और व्यावहारिक प्रभावों को साथ लेकर देखना आवश्यक है।

इस अध्याय में हमने देखा कि आरक्षण का विचार भारतीय संविधान में सामाजिक न्याय, अवसरों की समानता और व्यापक प्रतिनिधित्व के उद्देश्यों से जुड़ा हुआ है। हमने यह भी समझा कि इसके संबंध में अनेक धारणाएँ और भ्रम मौजूद हैं, जिनका मूल्यांकन तथ्यों और संवैधानिक प्रावधानों के आधार पर किया जाना चाहिए।

लोकतांत्रिक समाज में विभिन्न दृष्टिकोणों का होना स्वाभाविक है। महत्वपूर्ण यह है कि चर्चा सम्मान, तथ्यों और संवैधानिक मूल्यों के आधार पर की जाए। जब नागरिक किसी विषय को गहराई से समझते हैं, तब वे अधिक संतुलित और जिम्मेदार दृष्टिकोण विकसित कर सकते हैं।

यह भी स्पष्ट है कि सशक्तिकरण की प्रक्रिया केवल आरक्षण तक सीमित नहीं है। शिक्षा, कौशल विकास, आर्थिक अवसर, नेतृत्व क्षमता, संवैधानिक जागरूकता और सामाजिक भागीदारी भी समान रूप से महत्वपूर्ण हैं।

अंततः आरक्षण को समझने का सबसे अच्छा तरीका यह है कि उसे भारतीय संविधान के व्यापक उद्देश्यों न्याय, समानता, गरिमा और अवसरों तक निष्पक्ष पहुँच के संदर्भ में देखा जाए। इसी दृष्टिकोण से हम इस विषय को अधिक संतुलित, तथ्यात्मक और रचनात्मक रूप से समझ सकते हैं।

**मुख्य बिंदु**

- आरक्षण का विकास ऐतिहासिक, सामाजिक और संवैधानिक संदर्भों से जुड़ा है।
- संविधान के अनुच्छेद 15(4), 15(5), 16(4), 16(4A) और 46 महत्वपूर्ण आधार प्रदान करते हैं।

- आरक्षण का उद्‌देश्य अवसरों तक अधिक न्यायपूर्ण पहुँच सुनिश्चित करना है।
- आरक्षण से जुड़े अनेक भ्रम तथ्यात्मक जानकारी से दूर किए जा सकते हैं।
- लोकतंत्र में नीतियों पर संवाद और समीक्षा स्वाभाविक प्रक्रिया है।
- शिक्षा, कौशल विकास, नेतृत्व और संवैधानिक जागरूकता भी सशक्तिकरण के महत्वपूर्ण साधन हैं।
- आरक्षण को संविधान के व्यापक उद्‌देश्यों के संदर्भ में समझना अधिक उपयोगी है।

## चिंतन के प्रश्न

1. आरक्षण की ऐतिहासिक पृष्ठभूमि को समझना क्यों आवश्यक है?
2. समानता और अवसरों की समानता में क्या अंतर है?
3. आरक्षण से जुड़े कौन-से भ्रम आपको सबसे महत्वपूर्ण लगे?
4. शिक्षा और कौशल विकास सशक्तिकरण में क्या भूमिका निभाते हैं?
5. किसी सार्वजनिक नीति पर संतुलित दृष्टिकोण विकसित करने के लिए किन बातों का ध्यान रखना चाहिए?

## संदर्भ

- भारत का संविधान
- अनुच्छेद 15(4)
- अनुच्छेद 15(5)
- अनुच्छेद 16(4)
- अनुच्छेद 16(4A)
- अनुच्छेद 46
- संविधान सभा वाद-विवाद
- भारत सरकार के आधिकारिक संवैधानिक दस्तावेज़
- संबंधित न्यायिक निर्णय और सार्वजनिक अभिलेख

# 6

# संवैधानिक संरक्षण: अधिकारों से आगे की सुरक्षा

*संविधान केवल अधिकारों की घोषणा नहीं करता*

जब लोग संविधान की चर्चा करते हैं, तो अक्सर मौलिक अधिकारों का उल्लेख करते हैं। निस्संदेह, मौलिक अधिकार भारतीय लोकतंत्र की आधारशिला हैं। लेकिन संविधान की भूमिका केवल अधिकारों की घोषणा तक सीमित नहीं है।

संविधान निर्माताओं ने यह समझा था कि केवल अधिकार प्रदान कर देना पर्याप्त नहीं होगा। यदि समाज के कुछ वर्ग ऐतिहासिक, सामाजिक या शैक्षिक कारणों से विशेष चुनौतियों का सामना कर रहे हों, तो उनके लिए अतिरिक्त संवैधानिक संरक्षणों और संस्थागत व्यवस्थाओं की भी आवश्यकता हो सकती है।

इसी कारण भारतीय संविधान में ऐसे अनेक प्रावधान शामिल किए गए जो समानता, प्रतिनिधित्व, शिक्षा, सामाजिक न्याय और अवसरों तक पहुँच को मजबूत करने का प्रयास करते हैं। ये प्रावधान केवल अनुसूचित जातियों (SC), अनुसूचित जनजातियों (ST) और अन्य पिछड़े वर्गों (OBC) के लिए ही नहीं, बल्कि भारतीय लोकतंत्र की समावेशी भावना को भी प्रतिबिंबित करते हैं।

इन संवैधानिक संरक्षणों का उद्देश्य किसी समुदाय को विशेषाधिकार प्रदान करना नहीं है। उनका उद्देश्य यह सुनिश्चित करना है कि सभी नागरिक लोकतांत्रिक जीवन, शिक्षा, सार्वजनिक संस्थाओं और विकास की प्रक्रियाओं में

प्रभावी रूप से भाग ले सकें।

*इस अध्याय में क्या सीखेंगे?*

इस अध्याय में हम उन प्रमुख संवैधानिक प्रावधानों को समझेंगे जो प्रतिनिधित्व, सामाजिक न्याय, शिक्षा, आर्थिक हितों और संवैधानिक संरक्षणों से जुड़े हुए हैं।

हम विशेष रूप से निम्नलिखित विषयों को समझेंगे:

- संवैधानिक संरक्षण का अर्थ
- अनुच्छेद 46 का महत्व
- राजनीतिक प्रतिनिधित्व से जुड़े प्रावधान
- अनुसूचित जाति और अनुसूचित जनजाति की संवैधानिक मान्यता
- विशेष संवैधानिक व्यवस्थाओं का उद्देश्य
- सामाजिक न्याय और लोकतांत्रिक भागीदारी के बीच संबंध

इस अध्याय का उद्देश्य यह समझना है कि भारतीय संविधान केवल अधिकारों का दस्तावेज़ नहीं है, बल्कि एक ऐसी व्यवस्था भी है जो विभिन्न समुदायों को राष्ट्र निर्माण की प्रक्रिया में भागीदारी के अवसर प्रदान करने का प्रयास करती है।

**संवैधानिक संरक्षण का क्या अर्थ है?**

संवैधानिक संरक्षण (Constitutional Safeguards) ऐसे प्रावधान हैं जिन्हें संविधान में इस उद्देश्य से शामिल किया जाता है ताकि नागरिकों के अधिकारों, अवसरों और हितों की प्रभावी रक्षा सुनिश्चित की जा सके। ये संरक्षण लोकतांत्रिक व्यवस्था को अधिक न्यायपूर्ण, समावेशी और उत्तरदायी बनाने में महत्वपूर्ण भूमिका निभाते हैं।

**अधिकार और संरक्षण में क्या अंतर है?**

अधिकार (Rights) नागरिकों को कुछ स्वतंत्रताएँ और कानूनी सुरक्षा प्रदान करते हैं। उदाहरण के लिए, समानता का अधिकार, स्वतंत्रता का अधिकार और संवैधानिक उपचारों का अधिकार।

दूसरी ओर, संवैधानिक संरक्षण (Safeguards) उन व्यवस्थाओं को संदर्भित करते हैं जिनका उद्देश्य यह सुनिश्चित करना है कि अधिकारों का वास्तविक लाभ नागरिकों तक पहुँच सके।

सरल शब्दों में, अधिकार यह बताते हैं कि नागरिकों को क्या प्राप्त है, जबकि संरक्षण यह सुनिश्चित करने का प्रयास करते हैं कि उन अधिकारों का प्रभावी उपयोग भी किया जा सके।

**संविधान में संरक्षणों की आवश्यकता क्यों होती है?**

दुनिया के अनेक लोकतांत्रिक देशों में संवैधानिक संरक्षणों का प्रावधान किया गया है। इसका कारण यह है कि केवल कानूनी समानता हमेशा पर्याप्त नहीं होती। कभी-कभी समाज के विभिन्न वर्गों की परिस्थितियाँ भिन्न होती हैं और उन्हें अवसरों तक पहुँचने के लिए अतिरिक्त संस्थागत सहायता की आवश्यकता हो सकती है।

भारतीय संविधान निर्माताओं ने भी इसी वास्तविकता को ध्यान में रखा। उन्होंने एक ऐसे संविधान की कल्पना की जिसमें अधिकारों के साथ-साथ सामाजिक न्याय, प्रतिनिधित्व और अवसरों की समानता को भी महत्व दिया जाए।

**भारतीय संविधान की विशेषता**

भारतीय संविधान की एक महत्वपूर्ण विशेषता यह है कि यह केवल व्यक्तिगत अधिकारों की रक्षा नहीं करता, बल्कि सामाजिक न्याय और लोकतांत्रिक भागीदारी को भी प्रोत्साहित करता है।

इसी कारण संविधान में ऐसे अनेक प्रावधान शामिल किए गए हैं जो शिक्षा, प्रतिनिधित्व, आर्थिक हितों और सामाजिक सुरक्षा से जुड़े हुए हैं। इनका उद्देश्य लोकतंत्र को अधिक समावेशी और प्रभावी बनाना है।

**याद रखने योग्य बात**

संवैधानिक संरक्षण किसी विशेष समुदाय को स्थायी विशेषाधिकार प्रदान करने के लिए नहीं बनाए गए हैं। उनका उद्देश्य यह सुनिश्चित करना है कि लोकतांत्रिक व्यवस्था में सभी नागरिकों को सम्मान, अवसर और भागीदारी का उचित वातावरण प्राप्त हो।

**अनुच्छेद 46: सामाजिक और शैक्षिक उन्नति का संवैधानिक आधार**

भारतीय संविधान का अनुच्छेद 46 सामाजिक न्याय और समावेशी विकास की संवैधानिक भावना को व्यक्त करने वाले महत्वपूर्ण प्रावधानों में से एक है। यह संविधान के नीति-निर्देशक तत्वों (Directive Principles of State Policy) का हिस्सा है और राज्य को विशेष दिशा प्रदान करता है।

अनुच्छेद 46 कहता है कि राज्य समाज के कमजोर वर्गों, विशेष रूप से अनुसूचित जातियों (SC) और अनुसूचित जनजातियों (ST) के शैक्षिक और

आर्थिक हितों को बढ़ावा देगा तथा उन्हें सामाजिक अन्याय और शोषण से संरक्षण प्रदान करेगा।

**यह अनुच्छेद क्यों महत्वपूर्ण है?**

संविधान निर्माताओं का मानना था कि शिक्षा और आर्थिक अवसर किसी भी समाज की प्रगति के लिए अत्यंत आवश्यक हैं। यदि समाज के कुछ वर्ग इन अवसरों तक पर्याप्त पहुँच प्राप्त नहीं कर पाते, तो लोकतंत्र की समावेशी भावना कमजोर हो सकती है।

इसी कारण अनुच्छेद 46 केवल समानता की बात नहीं करता, बल्कि अवसरों तक पहुँच को मजबूत करने की दिशा भी प्रदान करता है।

**शिक्षा और सशक्तिकरण**

अनुच्छेद 46 की भावना आज अनेक शैक्षिक पहलों में दिखाई देती है। छात्रवृत्तियाँ, छात्रावास सुविधाएँ, कोचिंग सहायता कार्यक्रम, उच्च शिक्षा सहायता योजनाएँ और कौशल विकास कार्यक्रम इसी व्यापक संवैधानिक दृष्टिकोण से जुड़े हुए माने जा सकते हैं।

डॉ. आंबेडकर स्वयं शिक्षा को सामाजिक परिवर्तन का सबसे प्रभावी साधन मानते थे। इसलिए शिक्षा और संवैधानिक सशक्तिकरण का संबंध इस पुस्तक का भी एक केंद्रीय विषय है।

**आर्थिक हितों का संवर्धन**

संविधान केवल शिक्षा तक सीमित नहीं रहता। अनुच्छेद 46 आर्थिक प्रगति के महत्व को भी स्वीकार करता है। आर्थिक अवसर, रोजगार, उद्यमिता, वित्तीय समावेशन और कौशल विकास किसी भी समुदाय की दीर्घकालिक उन्नति के लिए महत्वपूर्ण हैं।

इसी कारण विभिन्न सरकारी योजनाएँ और विकास कार्यक्रम आर्थिक भागीदारी को बढ़ाने पर भी ध्यान केंद्रित करते हैं।

**सामाजिक अन्याय से संरक्षण**

अनुच्छेद 46 का एक महत्वपूर्ण पक्ष यह भी है कि यह राज्य को सामाजिक अन्याय और शोषण से संरक्षण प्रदान करने की दिशा में कार्य करने का निर्देश देता है। यह संवैधानिक दृष्टिकोण आगे चलकर विभिन्न कानूनों और संस्थागत व्यवस्थाओं के विकास में भी दिखाई देता है।

**क्या आप जानते हैं?**

अनुच्छेद 46 न्यायालय में सीधे लागू किए जाने योग्य मौलिक अधिकार नहीं है, लेकिन यह सरकारों और नीति-निर्माताओं को महत्वपूर्ण संवैधानिक

दिशा प्रदान करता है। अनेक कल्याणकारी और शैक्षिक कार्यक्रम इसी व्यापक संवैधानिक दृष्टिकोण से प्रेरित माने जाते हैं।

**याद रखने योग्य बात**

अनुच्छेद 46 हमें यह समझने में सहायता करता है कि भारतीय संविधान केवल अधिकारों की रक्षा ही नहीं करता, बल्कि शिक्षा, आर्थिक प्रगति और सामाजिक न्याय को भी राष्ट्र निर्माण के महत्वपूर्ण आधारों के रूप में देखता है।

**राजनीतिक प्रतिनिधित्व और संवैधानिक संरक्षण**

भारतीय संविधान केवल व्यक्तिगत अधिकारों और सामाजिक न्याय की बात नहीं करता, बल्कि लोकतांत्रिक संस्थाओं में व्यापक भागीदारी को भी महत्व देता है। इसी उद्देश्य से संविधान में राजनीतिक प्रतिनिधित्व से संबंधित कुछ विशेष प्रावधान शामिल किए गए हैं।

**प्रतिनिधित्व क्यों महत्वपूर्ण है?**

लोकतंत्र की सफलता केवल चुनाव कराने से सुनिश्चित नहीं होती। लोकतंत्र तब अधिक प्रभावी बनता है जब समाज के विभिन्न वर्गों को निर्णय-निर्माण की प्रक्रियाओं में भाग लेने का अवसर प्राप्त हो।

प्रतिनिधित्व का अर्थ है कि विभिन्न समुदायों और क्षेत्रों की आवाज़ लोकतांत्रिक संस्थाओं तक पहुँचे और सार्वजनिक नीतियों के निर्माण में उनकी भागीदारी हो।

**अनुच्छेद 330: लोकसभा में प्रतिनिधित्व**

भारतीय संविधान का अनुच्छेद 330 लोकसभा में अनुसूचित जातियों (SC) और अनुसूचित जनजातियों (ST) के लिए सीटों के आरक्षण का प्रावधान करता है।

इसका उद्देश्य यह सुनिश्चित करना है कि इन समुदायों को राष्ट्रीय स्तर की लोकतांत्रिक संस्था में प्रतिनिधित्व प्राप्त हो और उनकी भागीदारी मजबूत हो सके।

**अनुच्छेद 332: राज्य विधानसभाओं में प्रतिनिधित्व**

अनुच्छेद 332 राज्यों की विधानसभाओं में अनुसूचित जातियों और अनुसूचित जनजातियों के लिए सीटों के आरक्षण का प्रावधान करता है।

इस व्यवस्था का उद्देश्य राज्य स्तर पर भी लोकतांत्रिक भागीदारी और प्रतिनिधित्व को बढ़ावा देना है।

**प्रतिनिधित्व और लोकतंत्र**

संविधान निर्माताओं का मानना था कि लोकतांत्रिक संस्थाएँ तब अधिक प्रभावी बनती हैं जब उनमें समाज के विविध वर्गों की भागीदारी हो। प्रतिनिधित्व केवल चुनाव जीतने का प्रश्न नहीं है; यह नीति निर्माण, सार्वजनिक संवाद और लोकतांत्रिक उत्तरदायित्व से भी जुड़ा हुआ है।

**एक महत्वपूर्ण तथ्य**

राजनीतिक प्रतिनिधित्व से जुड़े संवैधानिक प्रावधानों का उद्देश्य लोकतांत्रिक प्रक्रिया को अधिक समावेशी बनाना है। इन्हें भारतीय संविधान की व्यापक सामाजिक न्याय और लोकतांत्रिक भागीदारी की दृष्टि के संदर्भ में समझा जाना चाहिए।

**याद रखने योग्य बात**

भारतीय संविधान राजनीतिक प्रतिनिधित्व को केवल सत्ता का विषय नहीं मानता। इसे लोकतांत्रिक सहभागिता और राष्ट्र निर्माण की प्रक्रिया का महत्वपूर्ण हिस्सा माना गया है।

**अनुसूचित जाति और अनुसूचित जनजाति की संवैधानिक मान्यता**

भारतीय संविधान अनुसूचित जातियों (Scheduled Castes) और अनुसूचित जनजातियों (Scheduled Tribes) को विशेष संवैधानिक मान्यता प्रदान करता है। यह मान्यता केवल सामाजिक पहचान का विषय नहीं है, बल्कि अनेक संवैधानिक प्रावधानों, कल्याणकारी योजनाओं और प्रतिनिधित्व संबंधी व्यवस्थाओं का आधार भी है।

**अनुच्छेद 341: अनुसूचित जातियाँ**

संविधान का अनुच्छेद 341 राष्ट्रपति को यह अधिकार देता है कि वे किसी राज्य या केंद्र शासित प्रदेश के संदर्भ में किन समुदायों को अनुसूचित जाति (SC) के रूप में अधिसूचित किया जाएगा, इसकी घोषणा करें।

एक बार अधिसूचना जारी होने के बाद, उस सूची में परिवर्तन केवल संसद द्‌वारा कानून बनाकर ही किया जा सकता है।

**अनुच्छेद 342: अनुसूचित जनजातियाँ**

इसी प्रकार अनुच्छेद 342 राष्ट्रपति को यह अधिकार देता है कि वे किसी राज्य या केंद्र शासित प्रदेश के संदर्भ में किन समुदायों को अनुसूचित जनजाति (ST) के रूप में अधिसूचित किया जाएगा, इसकी घोषणा करें।

इस सूची में भी परिवर्तन संसद द्‌वारा ही किया जा सकता है।

**यह व्यवस्था क्यों महत्वपूर्ण है?**

संविधान निर्माताओं ने यह व्यवस्था इसलिए बनाई ताकि SC और ST की पहचान स्पष्ट, आधिकारिक और कानूनी रूप से मान्य हो। इससे नीतियों, योजनाओं और संवैधानिक प्रावधानों के प्रभावी कार्यान्वयन में सहायता मिलती है।

**क्या सभी राज्यों में सूची समान होती है?**

यह एक महत्वपूर्ण तथ्य है कि किसी समुदाय की SC या ST के रूप में मान्यता राज्य-विशिष्ट हो सकती है। इसका अर्थ यह है कि जो समुदाय एक राज्य में अनुसूचित जाति या अनुसूचित जनजाति के रूप में अधिसूचित हो, वह आवश्यक नहीं कि दूसरे राज्य में भी उसी श्रेणी में शामिल हो।

इसी कारण आधिकारिक और अद्यतन सरकारी सूचियों का संदर्भ लेना महत्वपूर्ण होता है।

**संवैधानिक मान्यता का महत्व**

यह मान्यता केवल प्रशासनिक प्रक्रिया नहीं है। यह उन संवैधानिक व्यवस्थाओं का आधार है जिनके माध्यम से शिक्षा, प्रतिनिधित्व, कल्याणकारी योजनाओं और अन्य अवसरों तक पहुँच सुनिश्चित करने का प्रयास किया जाता है।

**याद रखने योग्य बात**

अनुच्छेद 341 और 342 भारतीय संविधान के महत्वपूर्ण प्रावधान हैं जो अनुसूचित जातियों और अनुसूचित जनजातियों की आधिकारिक संवैधानिक पहचान निर्धारित करते हैं। यही पहचान अनेक संवैधानिक और नीतिगत व्यवस्थाओं की आधारशिला बनती है।

**अन्य पिछड़ा वर्ग (OBC) और संवैधानिक व्यवस्था**

अनुसूचित जातियों (SC) और अनुसूचित जनजातियों (ST) की तरह अन्य पिछड़ा वर्ग (OBC) भी भारतीय सार्वजनिक नीति और सामाजिक न्याय से जुड़ा एक महत्वपूर्ण वर्ग है। हालांकि, इसकी संवैधानिक और प्रशासनिक व्यवस्था कुछ मामलों में SC और ST से भिन्न है।

**अनुच्छेद 340: पिछड़े वर्गों के संबंध में आयोग**

भारतीय संविधान का अनुच्छेद 340 राष्ट्रपति को यह अधिकार देता है कि वे सामाजिक और शैक्षिक रूप से पिछड़े वर्गों की स्थिति का अध्ययन करने तथा उनके उत्थान के लिए उपाय सुझाने हेतु एक आयोग की नियुक्ति कर सकें।

इस प्रावधान का उद्देश्य यह समझना था कि किन समुदायों को सामाजिक और शैक्षिक चुनौतियों का सामना करना पड़ रहा है तथा उनके विकास के लिए

कौन-से कदम उठाए जा सकते हैं।

**आयोगों की भूमिका**

अनुच्छेद 340 के अंतर्गत समय-समय पर विभिन्न आयोगों का गठन किया गया। इनमें सबसे प्रसिद्ध आयोगों में से एक मंडल आयोग (Mandal Commission) था, जिसने पिछड़े वर्गों की स्थिति का अध्ययन किया और अनेक सिफारिशें प्रस्तुत कीं।

इन आयोगों की रिपोर्टों ने भारत में पिछड़े वर्गों से संबंधित नीतियों और व्यवस्थाओं को प्रभावित किया।

**SC, ST और OBC में एक महत्वपूर्ण अंतर**

SC और ST की पहचान संविधान के अनुच्छेद 341 और 342 के अंतर्गत राष्ट्रपति द्वारा अधिसूचित सूचियों के माध्यम से निर्धारित की जाती है।

इसके विपरीत, OBC की पहचान सामाजिक और शैक्षिक पिछड़ेपन के अध्ययन, आयोगों की सिफारिशों तथा संबंधित सरकारी व्यवस्थाओं के आधार पर की जाती है।

इसी कारण OBC व्यवस्था का प्रशासनिक और नीतिगत ढाँचा कुछ मामलों में SC और ST की संवैधानिक मान्यता से भिन्न दिखाई देता है।

**यह अंतर क्यों महत्वपूर्ण है?**

इस अंतर को समझना इसलिए आवश्यक है क्योंकि इससे यह स्पष्ट होता है कि भारतीय संविधान विभिन्न सामाजिक परिस्थितियों के अनुसार अलग-अलग संवैधानिक और प्रशासनिक तंत्र विकसित करता है।

यह व्यवस्था भारत की विविधता और जटिल सामाजिक संरचना को ध्यान में रखते हुए विकसित की गई है।

**एक महत्वपूर्ण तथ्य**

भारत में OBC से संबंधित सूचियाँ और व्यवस्थाएँ समय-समय पर समीक्षा और अद्यतन प्रक्रिया से गुजर सकती हैं। इसलिए किसी भी जानकारी के लिए आधिकारिक सरकारी स्रोतों का संदर्भ लेना सबसे उपयुक्त माना जाता है।

**याद रखने योग्य बात**

अनुच्छेद 340 भारतीय संविधान का वह महत्वपूर्ण प्रावधान है जिसने सामाजिक और शैक्षिक रूप से पिछड़े वर्गों के अध्ययन तथा उनके विकास के लिए संस्थागत व्यवस्था का आधार प्रदान किया।

**संवैधानिक संरक्षण और राष्ट्र निर्माण**

भारतीय संविधान केवल शासन चलाने का दस्तावेज़ नहीं है। यह एक ऐसे राष्ट्र की कल्पना प्रस्तुत करता है जिसमें न्याय, समानता, स्वतंत्रता और बंधुत्व के मूल्य प्रत्येक नागरिक तक पहुँच सकें। संवैधानिक संरक्षण इसी व्यापक दृष्टिकोण का महत्वपूर्ण हिस्सा हैं।

इस अध्याय में हमने देखा कि संविधान ने शिक्षा, आर्थिक उन्नति, प्रतिनिधित्व और सामाजिक न्याय से संबंधित विभिन्न प्रावधानों को स्थान दिया है। अनुच्छेद 46 समाज के कमजोर वर्गों के शैक्षिक और आर्थिक हितों को बढ़ावा देने की दिशा प्रदान करता है। अनुच्छेद 330 और 332 लोकतांत्रिक संस्थाओं में प्रतिनिधित्व को मजबूत करते हैं, जबकि अनुच्छेद 341, 342 और 340 विभिन्न समुदायों की संवैधानिक और प्रशासनिक पहचान के लिए आधार उपलब्ध कराते हैं।

इन प्रावधानों का उद्देश्य केवल किसी विशेष समूह के लिए व्यवस्था बनाना नहीं है। उनका व्यापक उद्देश्य यह सुनिश्चित करना है कि लोकतांत्रिक संस्थाएँ अधिक समावेशी बनें और समाज के सभी वर्ग राष्ट्र निर्माण की प्रक्रिया में प्रभावी रूप से भाग ले सकें।

**समावेशी लोकतंत्र की अवधारणा**

एक मजबूत लोकतंत्र केवल चुनावों से नहीं बनता। वह तब मजबूत होता है जब नागरिकों को शिक्षा प्राप्त करने, अपनी क्षमताओं को विकसित करने, सार्वजनिक जीवन में भाग लेने और अपने विचार व्यक्त करने के अवसर मिलते हैं।

संवैधानिक संरक्षण इसी उद्देश्य को आगे बढ़ाने का प्रयास करते हैं। वे लोकतंत्र को केवल राजनीतिक व्यवस्था नहीं, बल्कि सामाजिक भागीदारी की व्यवस्था भी बनाते हैं।

**अधिकार और जिम्मेदारी**

संविधान नागरिकों को अधिकार प्रदान करता है, लेकिन साथ ही यह अपेक्षा भी करता है कि नागरिक लोकतांत्रिक मूल्यों का सम्मान करें। संवैधानिक संरक्षणों का वास्तविक लाभ तभी प्राप्त होता है जब नागरिक जागरूक हों, उपलब्ध अवसरों का उपयोग करें और राष्ट्र के विकास में सक्रिय योगदान दें।

**भविष्य की दिशा**

आज भारत शिक्षा, तकनीक, उद्यमिता और सामाजिक विकास के नए अवसरों के दौर से गुजर रहा है। ऐसे समय में संवैधानिक जागरूकता पहले से अधिक महत्वपूर्ण हो जाती है। जब नागरिक अपने अधिकारों, अवसरों और संवैधानिक व्यवस्थाओं को समझते हैं, तब वे अपने व्यक्तिगत विकास के साथ-

साथ राष्ट्र की प्रगति में भी योगदान दे सकते हैं।

### निष्कर्ष

संवैधानिक संरक्षण भारतीय लोकतंत्र की समावेशी भावना का महत्वपूर्ण हिस्सा हैं। वे हमें यह याद दिलाते हैं कि संविधान का उद्देश्य केवल अधिकारों की घोषणा करना नहीं, बल्कि ऐसी परिस्थितियाँ निर्मित करना भी है जिनमें प्रत्येक नागरिक सम्मान, अवसर और भागीदारी के साथ आगे बढ़ सके।

### मुख्य बिंदु

- संवैधानिक संरक्षण अधिकारों को प्रभावी बनाने में सहायता करते हैं।
- अनुच्छेद 46 शैक्षिक और आर्थिक उन्नति का महत्वपूर्ण आधार है।
- अनुच्छेद 330 और 332 लोकतांत्रिक प्रतिनिधित्व को मजबूत करते हैं।
- अनुच्छेद 341 और 342 SC तथा ST की संवैधानिक पहचान निर्धारित करते हैं।
- अनुच्छेद 340 पिछड़े वर्गों के अध्ययन और उत्थान हेतु आयोगों का आधार प्रदान करता है।
- संवैधानिक संरक्षण सामाजिक न्याय और लोकतांत्रिक भागीदारी से जुड़े हुए हैं।
- संवैधानिक जागरूकता नागरिक सशक्तिकरण का महत्वपूर्ण साधन है।

### चिंतन के प्रश्न

1. अधिकार और संवैधानिक संरक्षण में क्या अंतर है?
2. अनुच्छेद 46 को सामाजिक न्याय के संदर्भ में क्यों महत्वपूर्ण माना जाता है?
3. लोकतंत्र में प्रतिनिधित्व की क्या भूमिका है?
4. अनुच्छेद 341, 342 और 340 के बीच क्या प्रमुख अंतर हैं?
5. संवैधानिक संरक्षण राष्ट्र निर्माण में किस प्रकार योगदान देते हैं?

### संदर्भ

- भारत का संविधान
- अनुच्छेद 46
- अनुच्छेद 330

- अनुच्छेद 332
- अनुच्छेद 340
- अनुच्छेद 341
- अनुच्छेद 342
- संविधान सभा वाद-विवाद
- भारत सरकार के आधिकारिक संवैधानिक दस्तावेज़

# 7

# आपके अधिकारों की रक्षा करने वाले प्रमुख कानून

संविधान से कानून तक

भारतीय संविधान नागरिकों को अनेक महत्वपूर्ण अधिकार प्रदान करता है। लेकिन किसी भी अधिकार का वास्तविक महत्व तभी होता है जब उसकी रक्षा के लिए प्रभावी कानून और संस्थागत व्यवस्था मौजूद हो।

इसी कारण संविधान के मूल्यों और सिद्धांतों को व्यवहार में लागू करने के लिए समय-समय पर विभिन्न कानून बनाए गए। इन कानूनों का उद्देश्य केवल अपराधों को दंडित करना नहीं है, बल्कि नागरिकों को सुरक्षा प्रदान करना, भेदभाव को रोकना और न्याय तक पहुँच सुनिश्चित करना भी है।

SC, ST और OBC समुदायों के संदर्भ में कुछ कानून विशेष रूप से महत्वपूर्ण हैं क्योंकि उनका उद्देश्य समानता, गरिमा और संवैधानिक अधिकारों की रक्षा को मजबूत करना है।

यह समझना आवश्यक है कि कानून केवल कानूनी प्रावधानों का संग्रह नहीं होते। वे संविधान के उन मूल्यों को व्यवहार में लागू करने का माध्यम होते हैं जिनकी चर्चा हमने पिछले अध्यायों में की है।

**इस अध्याय में क्या सीखेंगे?**

इस अध्याय में हम उन प्रमुख कानूनों को समझेंगे जो नागरिकों के अधिकारों की रक्षा और सामाजिक न्याय को मजबूत करने में महत्वपूर्ण भूमिका निभाते हैं:

- नागरिक अधिकार संरक्षण अधिनियम, 1955
- अनुसूचित जाति एवं अनुसूचित जनजाति (अत्याचार निवारण) अधिनियम, 1989
- शिक्षा का अधिकार अधिनियम, 2009
- विधिक सेवा प्राधिकरण अधिनियम, 1987
- इन कानूनों का व्यावहारिक महत्व
- नागरिकों के लिए इनकी उपयोगिता

इस अध्याय का उद्देश्य कानून की जटिल भाषा को सरल बनाना है ताकि पाठक यह समझ सकें कि आवश्यकता पड़ने पर उनके लिए कौन-कौन से कानूनी संरक्षण उपलब्ध हैं।

**कानून क्यों आवश्यक हैं?**

संविधान नागरिकों को अधिकार प्रदान करता है, लेकिन उन अधिकारों को व्यवहार में लागू करने और उनकी रक्षा सुनिश्चित करने के लिए कानूनों की आवश्यकता होती है। यदि संविधान दिशा दिखाता है, तो कानून उस दिशा में कार्य करने का व्यावहारिक ढाँचा प्रदान करते हैं।

उदाहरण के लिए, संविधान का अनुच्छेद 17 अस्पृश्यता को समाप्त घोषित करता है। लेकिन इस संवैधानिक सिद्धांत को व्यवहार में लागू करने और उसके उल्लंघन पर कार्रवाई सुनिश्चित करने के लिए अलग कानूनों की आवश्यकता पड़ी।

इसी प्रकार, शिक्षा, समानता, गरिमा और न्याय से जुड़े अनेक संवैधानिक मूल्यों को प्रभावी बनाने के लिए समय-समय पर विभिन्न कानून बनाए गए। ये कानून नागरिकों को संरक्षण प्रदान करते हैं, शिकायतों के समाधान का मार्ग उपलब्ध कराते हैं और अधिकारों के उल्लंघन की स्थिति में कार्रवाई की व्यवस्था करते हैं।

**एक नज़र में**

*संविधान कानून*

- अधिकार प्रदान करता है अधिकारों की रक्षा का तरीका बताता है

- मूल सिद्धांत निर्धारित करता है उन सिद्धांतों को व्यवहार में लागू करता है
- दिशा प्रदान करता है कार्यान्वयन का ढाँचा प्रदान करता है
- लोकतांत्रिक मूल्यों की स्थापना करता है उन मूल्यों की सुरक्षा सुनिश्चित करता है

इसी कारण किसी भी जागरूक नागरिक के लिए केवल संविधान को जानना ही नहीं, बल्कि उससे जुड़े महत्वपूर्ण कानूनों को समझना भी आवश्यक है।

**नागरिक अधिकार संरक्षण अधिनियम, 1955**

***यह कानून क्या है?***

नागरिक अधिकार संरक्षण अधिनियम, 1955 (Protection of Civil Rights Act, 1955) भारत का एक महत्वपूर्ण कानून है जिसका उद्देश्य अस्पृश्यता से संबंधित प्रथाओं को रोकना और नागरिकों के समान अधिकारों की रक्षा करना है।

यह समझना महत्वपूर्ण है कि अस्पृश्यता का उन्मूलन भारतीय संविधान के अनुच्छेद 17 द्वारा किया गया था। नागरिक अधिकार संरक्षण अधिनियम, 1955 उस संवैधानिक प्रावधान को व्यवहार में लागू करने और उसके उल्लंघन से संबंधित दंडात्मक व्यवस्था प्रदान करने के लिए बनाया गया।

**इसे क्यों बनाया गया?**

संविधान ने स्पष्ट रूप से घोषित किया कि अस्पृश्यता का कोई भी रूप स्वीकार्य नहीं होगा। लेकिन केवल संवैधानिक घोषणा पर्याप्त नहीं थी। आवश्यकता थी ऐसे कानून की जो उल्लंघन की स्थिति में कार्रवाई सुनिश्चित कर सके।

इसी उद्देश्य से नागरिक अधिकार संरक्षण अधिनियम बनाया गया ताकि नागरिकों को समान सम्मान और सार्वजनिक सुविधाओं तक समान पहुँच प्राप्त हो सके।

**यह आपके लिए क्यों महत्वपूर्ण है?**

यह कानून इस सिद्धांत को मजबूत करता है कि प्रत्येक नागरिक सम्मान और गरिमा के साथ जीवन जीने का अधिकारी है। किसी व्यक्ति को उसकी जाति के आधार पर सार्वजनिक सुविधाओं, सेवाओं या अवसरों से वंचित नहीं किया जाना चाहिए।

यह अधिनियम समान नागरिकता और संवैधानिक मूल्यों की रक्षा करने वाले महत्वपूर्ण कानूनों में से एक है।

**व्यावहारिक उदाहरण**

मान लीजिए किसी व्यक्ति को केवल उसकी जाति के आधार पर किसी सार्वजनिक स्थान, सुविधा या सेवा के उपयोग से रोका जाए। ऐसी स्थिति संविधान की भावना के विपरीत हो सकती है और संबंधित कानूनों के अंतर्गत कार्रवाई का विषय बन सकती है।

यह कानून ऐसे मामलों में कानूनी संरक्षण की व्यवस्था को मजबूत करता है।

**क्या आप जानते हैं?**

*नागरिक अधिकार संरक्षण अधिनियम का मुख्य उद्देश्य दंड देना मात्र नहीं है, बल्कि संविधान द्वारा स्थापित समानता और मानव गरिमा के सिद्धांतों को व्यवहार में लागू करना भी है।*

**याद रखने योग्य बात**

*अनुच्छेद 17 ने अस्पृश्यता को समाप्त घोषित किया, जबकि नागरिक अधिकार संरक्षण अधिनियम, 1955 उस संवैधानिक सिद्धांत की रक्षा और कार्यान्वयन का कानूनी ढाँचा प्रदान करता है।*

## अनुसूचित जाति एवं अनुसूचित जनजाति (अत्याचार निवारण) अधिनियम, 1989

***यह कानून क्या है?***

अनुसूचित जाति एवं अनुसूचित जनजाति (अत्याचार निवारण) अधिनियम, 1989 [Scheduled Castes and Scheduled Tribes (Prevention of Atrocities) Act, 1989] एक विशेष कानून है, जिसका उद्देश्य अनुसूचित जाति (SC) और अनुसूचित जनजाति (ST) समुदायों के विरुद्ध किए जाने वाले विशिष्ट प्रकार के अपराधों और अत्याचारों की रोकथाम करना है।

यह अधिनियम केवल दंडात्मक कानून नहीं है, बल्कि सुरक्षा, न्याय और गरिमा सुनिश्चित करने के उद्देश्य से बनाया गया एक महत्वपूर्ण कानूनी प्रावधान है।

**इसे क्यों बनाया गया?**

संविधान ने समानता, गरिमा और भेदभाव से संरक्षण के सिद्धांत स्थापित किए। इसके बावजूद यह महसूस किया गया कि कुछ प्रकार के अपराध और उत्पीड़न ऐसे थे जिनका सामना विशेष रूप से SC और ST समुदायों को करना पड़ता था।

इसी पृष्ठभूमि में 1989 में यह अधिनियम बनाया गया ताकि ऐसे अपराधों की रोकथाम की जा सके, दोषियों के विरुद्ध प्रभावी कार्रवाई सुनिश्चित की जा सके

और पीड़ितों को कानूनी संरक्षण उपलब्ध कराया जा सके।

**"अत्याचार" का क्या अर्थ है?**

इस अधिनियम में "अत्याचार" शब्द का उपयोग उन विशिष्ट अपराधों और कृत्यों के लिए किया गया है जो SC और ST समुदायों के व्यक्तियों के विरुद्ध उनकी पहचान के आधार पर किए जाते हैं और जो उनकी गरिमा, सुरक्षा या अधिकारों को प्रभावित करते हैं।

कानून में ऐसे अनेक कृत्यों को स्पष्ट रूप से परिभाषित किया गया है ताकि उनके विरुद्ध कार्रवाई की जा सके।

**यह आपके लिए क्यों महत्वपूर्ण है?**

यह कानून इस सिद्धांत को मजबूत करता है कि प्रत्येक नागरिक सम्मान और सुरक्षा के साथ जीवन जीने का अधिकारी है।

यह अधिनियम केवल अपराधों को दंडित करने का प्रयास नहीं करता, बल्कि यह संदेश भी देता है कि किसी व्यक्ति के साथ उसकी जातीय पहचान के आधार पर उत्पीड़न या अपमानजनक व्यवहार स्वीकार्य नहीं है।

**व्यावहारिक उदाहरण**

यदि किसी SC या ST समुदाय से संबंधित व्यक्ति के साथ उसकी पहचान के कारण गंभीर उत्पीड़न, अपमानजनक व्यवहार या कानून द्वारा परिभाषित अन्य अपराध किए जाते हैं, तो यह अधिनियम कानूनी कार्रवाई और संरक्षण का आधार प्रदान कर सकता है।

ऐसी परिस्थितियों में संबंधित प्राधिकरणों और कानून प्रवर्तन एजेंसियों की भूमिका महत्वपूर्ण हो जाती है।

**क्या आप जानते हैं?**

इस अधिनियम में समय-समय पर संशोधन भी किए गए हैं ताकि इसकी प्रभावशीलता को मजबूत किया जा सके और पीड़ितों को बेहतर संरक्षण प्रदान किया जा सके।

**याद रखने योग्य बात**

यह अधिनियम अनुसूचित जाति और अनुसूचित जनजाति समुदायों के विरुद्ध विशिष्ट प्रकार के अत्याचारों और अपराधों की रोकथाम, दंड और पीड़ितों की सुरक्षा के लिए बनाया गया एक महत्वपूर्ण कानूनी साधन है।

**शिक्षा का अधिकार अधिनियम, 2009**

***यह कानून क्या है?***

शिक्षा का अधिकार अधिनियम, 2009 [Right of Children to Free and Compulsory Education Act, 2009] भारत के प्रत्येक बच्चे को गुणवत्तापूर्ण प्राथमिक शिक्षा उपलब्ध कराने के उद्देश्य से बनाया गया एक महत्वपूर्ण कानून है।

यह अधिनियम संविधान के अनुच्छेद 21A को व्यवहार में लागू करने का माध्यम है, जिसके अनुसार 6 से 14 वर्ष की आयु के प्रत्येक बच्चे को निःशुल्क और अनिवार्य शिक्षा का अधिकार प्राप्त है।

**इसे क्यों बनाया गया?**

संविधान निर्माताओं और नीति-निर्माताओं का मानना था कि शिक्षा किसी भी व्यक्ति और समाज के विकास का आधार है। यदि बच्चों को प्रारंभिक शिक्षा से वंचित कर दिया जाए, तो उनके लिए आगे चलकर अवसरों तक समान पहुँच प्राप्त करना कठिन हो सकता है।

इसी कारण शिक्षा को केवल एक सामाजिक आवश्यकता नहीं, बल्कि एक कानूनी अधिकार के रूप में मान्यता दी गई।

**यह आपके लिए क्यों महत्वपूर्ण है?**

शिक्षा नागरिकों को अपने अधिकारों को समझने, अवसरों का लाभ उठाने और आत्मनिर्भर बनने की क्षमता प्रदान करती है।

SC, ST और OBC समुदायों सहित समाज के सभी वर्गों के लिए शिक्षा सामाजिक और आर्थिक सशक्तिकरण का महत्वपूर्ण साधन है। यही कारण है कि शिक्षा का अधिकार अधिनियम भारतीय लोकतंत्र की समावेशी भावना को मजबूत करता है।

**इस कानून की कुछ प्रमुख विशेषताएँ**

- 6 से 14 वर्ष के बच्चों के लिए निःशुल्क और अनिवार्य शिक्षा।
- विद्यालयों में बुनियादी सुविधाओं और निर्धारित मानकों पर बल।
- बच्चों को शिक्षा तक पहुँच सुनिश्चित करने के लिए संस्थागत व्यवस्था।
- शिक्षा में समावेशिता और समान अवसरों को बढ़ावा देना।

**व्यावहारिक उदाहरण**

यदि किसी बच्चे को प्रारंभिक शिक्षा प्राप्त करने में कठिनाई हो या विद्यालय तक पहुँच से संबंधित समस्याएँ हों, तो शिक्षा का अधिकार अधिनियम ऐसी परिस्थितियों में महत्वपूर्ण कानूनी और नीतिगत आधार प्रदान करता है।

यह कानून सुनिश्चित करने का प्रयास करता है कि प्रत्येक बच्चे को सीखने और आगे बढ़ने का अवसर प्राप्त हो।

**क्या आप जानते हैं?**

भारत में शिक्षा का अधिकार केवल एक नीति नहीं, बल्कि एक संवैधानिक अधिकार है जिसे अनुच्छेद 21A के माध्यम से मान्यता प्राप्त है।

**याद रखने योग्य बात**

*शिक्षा का अधिकार अधिनियम, 2009 शिक्षा को अवसर, समानता और सशक्तिकरण की आधारशिला के रूप में स्थापित करता है।*

**विधिक सेवा प्राधिकरण अधिनियम, 1987**

***यह कानून क्या है?***

विधिक सेवा प्राधिकरण अधिनियम, 1987 (Legal Services Authorities Act, 1987) एक महत्वपूर्ण कानून है जिसका उद्देश्य यह सुनिश्चित करना है कि आर्थिक या सामाजिक कारणों से कोई भी व्यक्ति न्याय प्राप्त करने के अवसर से वंचित न रहे।

इस अधिनियम के अंतर्गत कानूनी सहायता (Legal Aid) और विधिक सेवाओं की व्यवस्था की गई है ताकि पात्र नागरिकों को न्याय तक पहुँचने में सहायता मिल सके।

**इसे क्यों बनाया गया?**

लोकतंत्र में न्याय केवल उन लोगों तक सीमित नहीं होना चाहिए जो कानूनी प्रक्रिया का खर्च उठा सकते हैं। संविधान का उद्देश्य सभी नागरिकों के लिए न्याय तक समान पहुँच सुनिश्चित करना है।

इसी विचार को व्यवहार में लागू करने के लिए विधिक सेवा प्राधिकरण अधिनियम बनाया गया। इसका उद्देश्य न्याय को अधिक सुलभ, समावेशी और प्रभावी बनाना है।

**कानूनी सहायता (Legal Aid) क्या होती है?**

कानूनी सहायता का अर्थ है ऐसे व्यक्तियों को कानूनी परामर्श, प्रतिनिधित्व और अन्य आवश्यक सहायता उपलब्ध कराना जो स्वयं इन सेवाओं का खर्च वहन करने में कठिनाई का सामना कर सकते हैं।

यह सहायता संबंधित पात्रता मानदंडों और कानूनी प्रावधानों के अनुसार उपलब्ध कराई जाती है।

**यह आपके लिए क्यों महत्वपूर्ण है?**

कई बार नागरिक अपने अधिकारों के बारे में जानते हैं, लेकिन उन्हें यह नहीं पता होता कि कानूनी सहायता कहाँ से प्राप्त की जाए। ऐसी स्थिति में विधिक सेवा प्राधिकरण न्याय तक पहुँच का एक महत्वपूर्ण माध्यम बन सकता है।

विशेष रूप से आर्थिक रूप से कमजोर व्यक्तियों, महिलाओं, बच्चों, अनुसूचित जातियों, अनुसूचित जनजातियों और अन्य पात्र श्रेणियों के लिए यह व्यवस्था महत्वपूर्ण हो सकती है।

**व्यावहारिक उदाहरण**

यदि किसी व्यक्ति को किसी कानूनी विवाद, अधिकारों के उल्लंघन या न्यायिक प्रक्रिया से संबंधित सहायता की आवश्यकता हो और वह निजी कानूनी सेवाओं का खर्च वहन करने में सक्षम न हो, तो वह संबंधित विधिक सेवा प्राधिकरण से सहायता प्राप्त करने के लिए संपर्क कर सकता है।

**क्या आप जानते हैं?**

राष्ट्रीय विधिक सेवा प्राधिकरण (NALSA) और राज्य विधिक सेवा प्राधिकरण नागरिकों को कानूनी सहायता उपलब्ध कराने और न्याय तक पहुँच को आसान बनाने के लिए कार्य करते हैं।

**याद रखने योग्य बात**

*न्याय केवल एक अधिकार नहीं, बल्कि प्रत्येक नागरिक की पहुँच में होना चाहिए। विधिक सेवा प्राधिकरण अधिनियम, 1987 इसी उद्देश्य को मजबूत करता है।*

**एक नागरिक को इन कानूनों के बारे में क्या जानना चाहिए?**

कानूनों का वास्तविक महत्व तब दिखाई देता है जब नागरिक उनके बारे में जागरूक होते हैं। केवल यह जानना पर्याप्त नहीं है कि कोई कानून मौजूद है; यह समझना भी आवश्यक है कि वह किस उद्देश्य से बनाया गया है और आवश्यकता पड़ने पर उसका उपयोग कैसे किया जा सकता है।

इस अध्याय में हमने चार महत्वपूर्ण कानूनों को समझा। प्रत्येक कानून का उद्देश्य अलग है, लेकिन सभी का व्यापक लक्ष्य नागरिकों के अधिकारों की रक्षा और न्याय तक पहुँच को मजबूत करना है।

**एक नज़र में**

कानून मुख्यउद्देश्य

नागरिक अधिकार संरक्षण अधिनियम, 1955 अस्पृश्यता से संबंधित प्रथाओं को रोकना और समान नागरिक अधिकारों की रक्षा करना

SC/ST (अत्याचार निवारण) अधिनियम, 1989 SC और ST समुदायों के विरुद्ध विशिष्ट प्रकार के अत्याचारों और अपराधों की रोकथाम

शिक्षा का अधिकार अधिनियम, 2009 बच्चों के लिए निःशुल्क और अनिवार्य शिक्षा सुनिश्चित करना

विधिक सेवा प्राधिकरण अधिनियम, 1987 पात्र नागरिकों को कानूनी सहायता और न्याय तक पहुँच उपलब्ध कराना

**जागरूकता क्यों महत्वपूर्ण है?**

कई बार लोग अपने अधिकारों के उल्लंघन की स्थिति में केवल इसलिए सहायता प्राप्त नहीं कर पाते क्योंकि उन्हें उपलब्ध कानूनी विकल्पों की जानकारी नहीं होती।

जागरूकता नागरिकों को अधिक आत्मविश्वासी बनाती है और उन्हें यह समझने में सहायता करती है कि समस्या की स्थिति में सहायता कहाँ से प्राप्त की जा सकती है।

**कानून और नागरिक सशक्तिकरण**

कानून केवल अदालतों और वकीलों के लिए नहीं होते। वे नागरिकों के दैनिक जीवन, सुरक्षा, शिक्षा और सम्मान से भी जुड़े होते हैं।

जब लोग अपने अधिकारों और उनसे संबंधित कानूनों को समझते हैं, तब वे अन्याय का सामना करने, उपलब्ध अवसरों का उपयोग करने और लोकतांत्रिक व्यवस्था में अधिक प्रभावी भागीदारी करने में सक्षम होते हैं।

**अगले अध्याय की ओर**

अब तक हमने संविधान, संवैधानिक संरक्षणों और अधिकारों की रक्षा करने वाले प्रमुख कानूनों को समझा है। लेकिन एक महत्वपूर्ण प्रश्न अभी भी शेष है :—

***यदि किसी व्यक्ति के अधिकारों का उल्लंघन हो जाए, तो उसे क्या करना चाहिए?***

अगले अध्याय में हम इसी प्रश्न का व्यावहारिक उत्तर खोजेंगे और शिकायत दर्ज कराने, सहायता प्राप्त करने तथा न्याय तक पहुँचने की प्रक्रिया को समझेंगे।

**मुख्य बिंदु**

- संविधान के अधिकारों को व्यवहार में लागू करने के लिए कानून आवश्यक हैं।
- नागरिक अधिकार संरक्षण अधिनियम, 1955 अनुच्छेद 17 की भावना को लागू करने में सहायता करता है।

- SC/ST (अत्याचार निवारण) अधिनियम, 1989 विशेष प्रकार के अपराधों और अत्याचारों की रोकथाम के लिए बनाया गया है।
- शिक्षा का अधिकार अधिनियम, 2009 शिक्षा को कानूनी अधिकार के रूप में मजबूत करता है।
- विधिक सेवा प्राधिकरण अधिनियम, 1987 न्याय तक पहुँच को अधिक सुलभ बनाने का प्रयास करता है।
- कानूनी जागरूकता नागरिक सशक्तिकरण का महत्वपूर्ण हिस्सा है।
- आवश्यकता पड़ने पर नागरिक विभिन्न कानूनी और संस्थागत माध्यमों का उपयोग कर सकते हैं।

## चिंतन के प्रश्न

1. संविधान और कानून के बीच क्या संबंध है?
2. नागरिक अधिकार संरक्षण अधिनियम, 1955 का उद्देश्य क्या है?
3. SC/ST (अत्याचार निवारण) अधिनियम, 1989 क्यों बनाया गया?
4. शिक्षा का अधिकार सामाजिक सशक्तिकरण में कैसे योगदान देता है?
5. न्याय तक पहुँच को आसान बनाने में विधिक सेवा प्राधिकरणों की क्या भूमिका है?

## संदर्भ


- भारत का संविधान
- अनुच्छेद 17
- अनुच्छेद 21A
- नागरिक अधिकार संरक्षण अधिनियम, 1955
- SC/ST (अत्याचार निवारण) अधिनियम, 1989
- शिक्षा का अधिकार अधिनियम, 2009
- विधिक सेवा प्राधिकरण अधिनियम, 1987
- NALSA के आधिकारिक दस्तावेज़

# 8

# यदि आपके अधिकारों का उल्लंघन हो तो क्या करें

अधिकारों की जानकारी के बाद अगला कदम

अपने अधिकारों को जानना महत्वपूर्ण है, लेकिन कभी-कभी ऐसी परिस्थितियाँ उत्पन्न हो सकती हैं जहाँ किसी व्यक्ति को लगता है कि उसके साथ अन्याय, भेदभाव या अधिकारों का उल्लंघन हुआ है। ऐसी स्थिति में केवल अधिकारों की जानकारी पर्याप्त नहीं होती; यह जानना भी आवश्यक होता है कि आगे क्या कदम उठाए जाएँ।

कई लोग समस्या का सामना तो करते हैं, लेकिन उन्हें यह पता नहीं होता कि शिकायत कहाँ दर्ज करनी है, किन संस्थाओं से सहायता प्राप्त करनी है या कौन-से दस्तावेज़ सुरक्षित रखने चाहिए। परिणामस्वरूप वे उपलब्ध कानूनी और संस्थागत सहायता का पूरा लाभ नहीं उठा पाते।

भारतीय लोकतांत्रिक व्यवस्था में नागरिकों के लिए अनेक शिकायत निवारण और सहायता तंत्र उपलब्ध हैं। पुलिस, न्यायालय, आयोग, विधिक सेवा प्राधिकरण और ऑनलाइन शिकायत पोर्टल जैसे अनेक माध्यम नागरिकों को सहायता प्रदान कर सकते हैं।

हालाँकि, प्रत्येक परिस्थिति अलग होती है। इसलिए किसी भी कानूनी मामले में आवश्यकता पड़ने पर योग्य कानूनी विशेषज्ञ, अधिवक्ता या संबंधित

प्राधिकरण से सलाह लेना उचित होता है।

**इस अध्याय में क्या सीखेंगे?**

इस अध्याय में हम समझेंगे:

- अधिकारों के उल्लंघन की स्थिति में प्रारंभिक कदम
- शिकायत दर्ज करते समय किन बातों का ध्यान रखें
- साक्ष्य और दस्तावेज़ों का महत्व
- FIR क्या है और कब आवश्यक हो सकती है
- ऑनलाइन शिकायत के विकल्प
- कानूनी सहायता कैसे प्राप्त करें
- किन सामान्य गलतियों से बचना चाहिए

इस अध्याय का उद्देश्य नागरिकों को व्यावहारिक जानकारी प्रदान करना है ताकि वे आवश्यकता पड़ने पर अधिक जागरूक और आत्मविश्वास के साथ उचित कदम उठा सकें।

**सबसे पहले क्या करें?**

यदि आपको लगता है कि आपके साथ अन्याय, भेदभाव, उत्पीड़न या अधिकारों का उल्लंघन हुआ है, तो सबसे महत्वपूर्ण बात है कि आप स्थिति को समझदारी और व्यवस्थित तरीके से संभालें। जल्दबाज़ी, गुस्से या घबराहट में लिए गए निर्णय कई बार समस्या को और जटिल बना सकते हैं।

**1. शांत रहें और स्थिति को समझें**

सबसे पहले यह समझने का प्रयास करें कि वास्तव में क्या हुआ है। घटना से संबंधित तथ्यों और परिस्थितियों को स्पष्ट रूप से पहचानना महत्वपूर्ण है।

**2. घटना का विवरण लिख लें**

घटना से संबंधित महत्वपूर्ण जानकारी जल्द से जल्द लिख लें, जैसे:

- घटना की तिथि
- समय
- स्थान
- संबंधित व्यक्तियों के नाम
- क्या हुआ था

समय बीतने के साथ कई महत्वपूर्ण विवरण भूल सकते हैं। इसलिए प्रारंभिक रिकॉर्ड रखना उपयोगी होता है।

**3. उपलब्ध साक्ष्य सुरक्षित रखें**

यदि आपके पास घटना से संबंधित कोई दस्तावेज़, संदेश, ईमेल, फोटो, वीडियो या अन्य साक्ष्य उपलब्ध हैं, तो उन्हें सुरक्षित रखें।

साक्ष्य किसी भी शिकायत या जाँच प्रक्रिया में महत्वपूर्ण भूमिका निभा सकते हैं।

**4. विश्वसनीय व्यक्ति को जानकारी दें**

परिस्थिति के अनुसार परिवार के सदस्य, शिक्षक, मित्र, सहकर्मी या किसी विश्वसनीय व्यक्ति को घटना की जानकारी देना उपयोगी हो सकता है।

इससे आपको मार्गदर्शन और भावनात्मक सहयोग दोनों मिल सकते हैं।

**5. आवश्यकता पड़ने पर तुरंत सहायता लें**

यदि मामला गंभीर हो या आपकी सुरक्षा से जुड़ा हो, तो संबंधित प्राधिकरण, पुलिस, संस्थान या कानूनी सहायता तंत्र से संपर्क करने में अनावश्यक देरी नहीं करनी चाहिए।

**याद रखने योग्य बात**

किसी भी शिकायत प्रक्रिया की मजबूत शुरुआत सही जानकारी, साक्ष्यों के संरक्षण और समय पर कार्रवाई से होती है।

**महत्वपूर्ण दस्तावेज़ और साक्ष्य**

किसी भी शिकायत, जाँच या कानूनी प्रक्रिया में साक्ष्य (Evidence) अत्यंत महत्वपूर्ण भूमिका निभाते हैं। कई बार किसी व्यक्ति के साथ वास्तव में अन्याय हुआ होता है, लेकिन पर्याप्त जानकारी या दस्तावेज़ उपलब्ध न होने के कारण समस्या को सिद्ध करना कठिन हो जाता है।

इसी कारण यदि आपको लगता है कि आपके अधिकारों का उल्लंघन हुआ है, तो संबंधित दस्तावेज़ों और साक्ष्यों को सुरक्षित रखना महत्वपूर्ण है।

**साक्ष्य क्या हो सकते हैं?**

परिस्थिति के अनुसार साक्ष्य अलग-अलग प्रकार के हो सकते हैं, जैसे:

- लिखित दस्तावेज़
- आवेदन पत्र और उनकी प्रतियाँ
- पहचान संबंधी दस्तावेज़
- पत्र, नोटिस या आधिकारिक पत्राचार

- ईमेल
- संदेश (Messages)
- फोटो
- वीडियो
- ऑडियो रिकॉर्डिंग (जहाँ कानूनी रूप से उचित हो)
- गवाहों की जानकारी

**दस्तावेज़ों की प्रतियाँ सुरक्षित रखें**

किसी भी आवेदन, शिकायत या पत्र को जमा करने से पहले उसकी एक प्रति अपने पास अवश्य रखें।

यदि संभव हो, तो डिजिटल और भौतिक दोनों प्रतियाँ सुरक्षित रखना उपयोगी हो सकता है।

**घटनाओं का रिकॉर्ड बनाएँ**

यदि कोई समस्या लगातार हो रही हो, तो एक सरल रिकॉर्ड तैयार करें:

तिथि घटना संबंधित व्यक्ति/संस्था

ऐसा रिकॉर्ड आगे चलकर स्थिति को स्पष्ट रूप से समझाने में सहायता कर सकता है।

**डिजिटल साक्ष्यों का महत्व**

आज के समय में अनेक महत्वपूर्ण सूचनाएँ मोबाइल फोन, ईमेल या ऑनलाइन प्लेटफ़ॉर्म पर उपलब्ध होती हैं।

इसलिए:

- स्क्रीनशॉट सुरक्षित रखें
- ईमेल डाउनलोड करें
- महत्वपूर्ण संदेशों का रिकॉर्ड रखें
- आवश्यक दस्तावेज़ों का बैकअप बनाएँ

**क्या न करें?**

- दस्तावेज़ों में परिवर्तन न करें।
- झूठे या भ्रामक साक्ष्य प्रस्तुत न करें।
- मूल दस्तावेज़ों को लापरवाही से नष्ट न करें।

- केवल मौखिक जानकारी पर निर्भर न रहें।

**याद रखने योग्य बात**

किसी भी शिकायत या कानूनी प्रक्रिया में सटीक जानकारी और सुरक्षित साक्ष्य आपकी सबसे महत्वपूर्ण सहायता बन सकते हैं।

**शिकायत दर्ज करने के संभावित माध्यम**

जब किसी व्यक्ति को लगता है कि उसके अधिकारों का उल्लंघन हुआ है, तो सबसे महत्वपूर्ण प्रश्न होता है शिकायत कहाँ दर्ज की जाए?

इसका उत्तर समस्या की प्रकृति पर निर्भर करता है। सभी मामलों में एक ही संस्था या प्रक्रिया उपयुक्त नहीं होती। इसलिए सही माध्यम की पहचान करना महत्वपूर्ण है।

**एक नज़र में**

| स्थिति | संभावित माध्यम |
|---|---|
| अपराध | पुलिस |
| प्रशासनिक समस्या | संबंधित विभाग |
| अधिकारों से जुड़ी शिकायत | आयोग/ प्राधिकरण |
| कानूनी सहायता | विधिक सेवा प्राधिकरण |

पुलिस की भूमिका

यदि मामला किसी संभावित अपराध से संबंधित हो, तो पुलिस शिकायत प्राप्त करने और कानून के अनुसार कार्रवाई करने वाली प्रमुख संस्था होती है।

हालाँकि, प्रत्येक समस्या पुलिस का विषय नहीं होती। इसलिए शिकायत की प्रकृति को समझना आवश्यक है।

विभागीय शिकायतें

कई समस्याएँ प्रशासनिक या सेवा संबंधी होती हैं। उदाहरण के लिए:

- छात्रवृत्ति से संबंधित समस्या
- प्रमाणपत्र जारी करने में देरी
- सरकारी योजना का लाभ न मिलना
- सार्वजनिक सेवा से संबंधित शिकायत

ऐसी परिस्थितियों में संबंधित विभाग से संपर्क करना अधिक उपयुक्त हो सकता है।

**आयोग और विशेष संस्थाएँ**

कुछ मामलों में राष्ट्रीय या राज्य स्तर के आयोग भी शिकायतों की सुनवाई और संबंधित अधिकारियों से जानकारी प्राप्त करने की भूमिका निभाते हैं।

इन आयोगों और संस्थाओं के बारे में हम अगले अध्याय में विस्तार से चर्चा करेंगे।

**कानूनी सहायता**

यदि किसी व्यक्ति को यह समझने में कठिनाई हो कि आगे क्या करना चाहिए, तो वह विधिक सेवा प्राधिकरणों या योग्य कानूनी विशेषज्ञों से मार्गदर्शन प्राप्त कर सकता है।

**एक महत्वपूर्ण बात**

शिकायत दर्ज करने से पहले यह सुनिश्चित करना उपयोगी होता है कि आपके पास आवश्यक जानकारी, दस्तावेज़ और उपलब्ध साक्ष्य व्यवस्थित रूप से सुरक्षित हों।

इससे प्रक्रिया अधिक स्पष्ट और प्रभावी बन सकती है।

**FIR क्या है और कब आवश्यक हो सकती है?**

FIR (First Information Report) वह प्रारंभिक रिपोर्ट होती है जो पुलिस द्वारा किसी संज्ञेय अपराध (Cognizable Offence) की सूचना प्राप्त होने पर दर्ज की जाती है। यह आपराधिक न्याय प्रक्रिया का एक महत्वपूर्ण हिस्सा है।

यह समझना आवश्यक है कि प्रत्येक समस्या या शिकायत के लिए FIR आवश्यक नहीं होती। FIR सामान्यतः उन मामलों से संबंधित होती है जो कानून के अनुसार संज्ञेय अपराध की श्रेणी में आते हैं।

**संज्ञेय अपराध क्या होता है?**

सरल शब्दों में, संज्ञेय अपराध वह अपराध होता है जिसमें पुलिस कानून के अनुसार जाँच प्रारंभ कर सकती है और आवश्यक कार्रवाई कर सकती है।

कौन-सा मामला संज्ञेय अपराध की श्रेणी में आता है, यह संबंधित कानूनों और परिस्थितियों पर निर्भर करता है।

**FIR का उद्देश्य क्या है?**

FIR का उद्देश्य:

- घटना की आधिकारिक सूचना दर्ज करना
- जाँच प्रक्रिया प्रारंभ करने का आधार प्रदान करना
- तथ्यों का प्रारंभिक रिकॉर्ड तैयार करना
- न्यायिक प्रक्रिया के लिए आवश्यक दस्तावेज़ी आधार उपलब्ध कराना

**FIR दर्ज कराते समय किन बातों का ध्यान रखें?**

- घटना की सही जानकारी दें।
- उपलब्ध साक्ष्यों का उल्लेख करें।
- तिथि, समय और स्थान स्पष्ट रूप से बताएं।
- यदि गवाह हों तो उनकी जानकारी उपलब्ध कराएँ।
- गलत या भ्रामक जानकारी देने से बचें।

**एक महत्वपूर्ण सावधानी**

सभी अधिकार-संबंधी समस्याएँ आपराधिक मामले नहीं होतीं। कुछ मामलों का समाधान प्रशासनिक विभागों, आयोगों, संस्थागत शिकायत तंत्रों या अन्य कानूनी प्रक्रियाओं के माध्यम से भी किया जा सकता है।

इसी कारण यह समझना महत्वपूर्ण है कि प्रत्येक स्थिति की प्रकृति अलग होती है।

**व्यावहारिक उदाहरण**

यदि किसी व्यक्ति के साथ ऐसा व्यवहार हुआ हो जो कानून के अनुसार संभावित आपराधिक अपराध की श्रेणी में आता हो, तो संबंधित पुलिस प्राधिकरण से संपर्क करना आवश्यक हो सकता है।

दूसरी ओर, यदि समस्या किसी प्रशासनिक निर्णय, सेवा में देरी या दस्तावेज़ संबंधी मुद्दे से जुड़ी हो, तो अन्य शिकायत निवारण तंत्र अधिक उपयुक्त हो सकते हैं।

**याद रखने योग्य बात**

FIR एक महत्वपूर्ण कानूनी प्रक्रिया है, लेकिन यह हर समस्या का पहला या एकमात्र समाधान नहीं होती। सही कार्रवाई समस्या की प्रकृति और संबंधित कानूनी प्रावधानों पर निर्भर करती है।

**ऑनलाइन शिकायत और डिजिटल माध्यम**

तकनीक के विकास के साथ शिकायत दर्ज करने और जानकारी प्राप्त करने के अनेक डिजिटल माध्यम उपलब्ध हो गए हैं। आज कई सरकारी विभाग, आयोग और संस्थाएँ ऑनलाइन शिकायत दर्ज करने की सुविधा प्रदान करते हैं।

इन माध्यमों का उद्देश्य नागरिकों के लिए शिकायत प्रक्रिया को अधिक सुलभ, पारदर्शी और सुविधाजनक बनाना है।

**ऑनलाइन शिकायत के संभावित माध्यम**

परिस्थिति के अनुसार नागरिक निम्न माध्यमों का उपयोग कर सकते हैं:

- संबंधित विभाग की आधिकारिक वेबसाइट
- सरकारी शिकायत पोर्टल
- आयोगों के ऑनलाइन शिकायत तंत्र
- ईमेल के माध्यम से शिकायत
- हेल्पलाइन और ऑनलाइन सहायता सेवाएँ

यह ध्यान रखना महत्वपूर्ण है कि उपलब्ध सुविधाएँ समय-समय पर बदल सकती हैं। इसलिए हमेशा आधिकारिक और अद्यतन स्रोतों का उपयोग करना चाहिए।

**शिकायत दर्ज करते समय क्या ध्यान रखें?**

ऑनलाइन शिकायत दर्ज करते समय:

- सही जानकारी प्रदान करें।
- आवश्यक दस्तावेज़ संलग्न करें।
- शिकायत का विवरण स्पष्ट और संक्षिप्त रखें।
- उपलब्ध होने पर संदर्भ संख्या (Reference Number) सुरक्षित रखें।
- जमा किए गए दस्तावेज़ों की प्रतियाँ अपने पास रखें।
- संदर्भ संख्या का महत्व

अनेक ऑनलाइन प्रणालियाँ शिकायत दर्ज होने के बाद एक संदर्भ संख्या या शिकायत संख्या प्रदान करती हैं।

यह संख्या भविष्य में:

- शिकायत की स्थिति जानने
- अनुवर्ती कार्रवाई (Follow-up) करने
- संबंधित विभाग से संपर्क करने

में उपयोगी हो सकती है।

**ईमेल के माध्यम से शिकायत**

कुछ परिस्थितियों में ईमेल भी एक उपयोगी माध्यम हो सकता है।

ईमेल भेजते समय:

- विषय (Subject) स्पष्ट रखें।
- आवश्यक तथ्य संक्षेप में लिखें।
- संबंधित दस्तावेज़ संलग्न करें।
- भेजे गए ईमेल की प्रति सुरक्षित रखें।

**डिजिटल सुरक्षा का ध्यान रखें**

ऑनलाइन शिकायत करते समय केवल आधिकारिक वेबसाइटों और पोर्टलों का उपयोग करें। व्यक्तिगत जानकारी साझा करते समय सावधानी बरतें और किसी भी अनधिकृत या संदिग्ध प्लेटफ़ॉर्म से बचें।

**याद रखने योग्य बात**

डिजिटल माध्यम शिकायत प्रक्रिया को आसान बना सकते हैं, लेकिन सही जानकारी, दस्तावेज़ों का संरक्षण और संदर्भ संख्या सुरक्षित रखना उतना ही महत्वपूर्ण है जितना पारंपरिक शिकायत प्रक्रिया में होता है।

**सामान्य गलतियाँ जिनसे बचना चाहिए**

जब किसी व्यक्ति को लगता है कि उसके अधिकारों का उल्लंघन हुआ है, तो वह स्वाभाविक रूप से तनाव या चिंता महसूस कर सकता है। ऐसी स्थिति में जल्दबाज़ी या अधूरी जानकारी के आधार पर उठाए गए कदम कई बार समस्या को और जटिल बना सकते हैं।

इसलिए यह जानना भी महत्वपूर्ण है कि किन सामान्य गलतियों से बचना चाहिए।

**1. शिकायत दर्ज करने में अनावश्यक देरी**

यदि किसी समस्या के संबंध में कार्रवाई आवश्यक हो, तो अनावश्यक देरी से बचना चाहिए। समय पर दर्ज की गई शिकायत और सुरक्षित रखे गए साक्ष्य स्थिति को स्पष्ट करने में सहायता कर सकते हैं।

**2. साक्ष्य सुरक्षित न रखना**

कई लोग महत्वपूर्ण दस्तावेज़, संदेश, ईमेल, फोटो या अन्य रिकॉर्ड सुरक्षित नहीं रखते। बाद में यही जानकारी शिकायत या जाँच प्रक्रिया में उपयोगी हो सकती है।

**3. दस्तावेज़ों की प्रतियाँ न रखना**

किसी भी आवेदन, शिकायत या पत्र की प्रति अपने पास रखना एक अच्छी आदत है। इससे भविष्य में संदर्भ लेना आसान हो जाता है।

**4. गलत या अपूर्ण जानकारी देना**

शिकायत दर्ज करते समय तथ्यों को स्पष्ट, सटीक और ईमानदारी से प्रस्तुत करना चाहिए। गलत, अतिरंजित या भ्रामक जानकारी स्थिति को जटिल बना सकती है।

**5. केवल मौखिक शिकायत पर निर्भर रहना**

जहाँ संभव हो, शिकायत का लिखित या डिजिटल रिकॉर्ड रखना उपयोगी होता है। इससे यह प्रमाणित करना आसान हो जाता है कि शिकायत कब और किस प्रकार दर्ज की गई थी।

**6. आधिकारिक रिकॉर्ड सुरक्षित न रखना**

संदर्भ संख्या, प्राप्ति रसीद, ईमेल पुष्टि, आवेदन संख्या और अन्य आधिकारिक रिकॉर्ड भविष्य में महत्वपूर्ण हो सकते हैं। इन्हें सुरक्षित रखना चाहिए।

**7. अपुष्ट जानकारी पर भरोसा करना**

कानूनी या प्रशासनिक मामलों में केवल सोशल मीडिया, अफवाहों या अपुष्ट स्रोतों पर निर्भर नहीं रहना चाहिए। हमेशा आधिकारिक स्रोतों, संबंधित विभागों या योग्य विशेषज्ञों से जानकारी प्राप्त करना अधिक उचित होता है।

**एक महत्वपूर्ण बात**

हर समस्या का समाधान एक जैसा नहीं होता। इसलिए किसी भी स्थिति में उचित संस्था, सही प्रक्रिया और विश्वसनीय जानकारी का चयन अत्यंत

महत्वपूर्ण है।

याद रखने योग्य बात

सही जानकारी, समय पर कार्रवाई, सुरक्षित साक्ष्य और व्यवस्थित रिकॉर्ड किसी भी शिकायत प्रक्रिया की सबसे मजबूत नींव होते हैं।

इस अध्याय से मुख्य बातें

- अधिकारों की जानकारी के साथ यह जानना भी आवश्यक है कि उल्लंघन की स्थिति में क्या कदम उठाए जाएँ।
- किसी भी समस्या की स्थिति में शांत रहना और तथ्यों को व्यवस्थित रूप से दर्ज करना महत्वपूर्ण है।
- दस्तावेज़ों, संदेशों, ईमेल, फोटो और अन्य साक्ष्यों को सुरक्षित रखना उपयोगी हो सकता है।
- विभिन्न प्रकार की समस्याओं के लिए अलग-अलग शिकायत निवारण तंत्र उपलब्ध हैं।
- प्रत्येक मामला FIR का विषय नहीं होता; उचित प्रक्रिया समस्या की प्रकृति पर निर्भर करती है।
- ऑनलाइन शिकायत और डिजिटल माध्यम नागरिकों के लिए उपयोगी विकल्प प्रदान करते हैं।
- शिकायत प्रक्रिया में सही जानकारी और व्यवस्थित रिकॉर्ड अत्यंत महत्वपूर्ण हैं।
- आवश्यकता पड़ने पर कानूनी सहायता और विशेषज्ञ मार्गदर्शन प्राप्त किया जा सकता है।

## चिंतन के प्रश्न

1. अधिकारों के उल्लंघन की स्थिति में सबसे पहला कदम क्या होना चाहिए?
2. साक्ष्य और दस्तावेज़ किसी शिकायत प्रक्रिया में क्यों महत्वपूर्ण हैं?
3. सभी मामलों में FIR आवश्यक क्यों नहीं होती?
4. ऑनलाइन शिकायत प्रणाली नागरिकों की किस प्रकार सहायता कर सकती है?
5. शिकायत दर्ज करते समय किन सामान्य गलतियों से बचना चाहिए?

## संदर्भ


- भारत का संविधान
- अनुच्छेद 14
- अनुच्छेद 17
- अनुच्छेद 21

- अनुच्छेद 32
- नागरिक अधिकार संरक्षण अधिनियम, 1955
- SC/ST (अत्याचार निवारण) अधिनियम, 1989
- शिक्षा का अधिकार अधिनियम, 2009
- विधिक सेवा प्राधिकरण अधिनियम, 1987
- भारत सरकार के आधिकारिक शिकायत एवं जन-सेवा पोर्टल

# 9

# राष्ट्रीय आयोग और महत्वपूर्ण संस्थाएँ

**अधिकारों की सुरक्षा में संस्थाओं की भूमिका**

भारतीय लोकतंत्र केवल संविधान, कानूनों और न्यायालयों पर आधारित नहीं है। नागरिकों के अधिकारों की रक्षा, शिकायतों की सुनवाई और संवैधानिक मूल्यों को मजबूत करने के लिए विभिन्न आयोगों और संस्थाओं की भी महत्वपूर्ण भूमिका होती है।

इन संस्थाओं का उद्देश्य नागरिकों और शासन व्यवस्था के बीच एक महत्वपूर्ण सेतु के रूप में कार्य करना है। वे शिकायतों पर ध्यान आकर्षित कर सकती हैं, संबंधित अधिकारियों से जानकारी प्राप्त कर सकती हैं, सुझाव दे सकती हैं और अधिकारों से जुड़े मुद्दों पर निगरानी रख सकती हैं।

कई नागरिक अपने अधिकारों के बारे में तो जानते हैं, लेकिन उन्हें यह जानकारी नहीं होती कि किसी समस्या की स्थिति में कौन-सी संस्था उनकी सहायता कर सकती है। इसी कारण इन आयोगों और संस्थाओं के कार्यों को समझना महत्वपूर्ण है।

यह ध्यान रखना आवश्यक है कि आयोग और न्यायालय एक जैसे नहीं होते। न्यायालय कानूनी निर्णय देने की शक्ति रखते हैं, जबकि आयोग मुख्य रूप से निगरानी, जाँच, सिफारिश और शिकायतों के परीक्षण से संबंधित भूमिका निभाते हैं।

**इस अध्याय में क्या सीखेंगे?**

इस अध्याय में हम निम्नलिखित विषयों को समझेंगे:

- राष्ट्रीय अनुसूचित जाति आयोग (NCSC)
- राष्ट्रीय अनुसूचित जनजाति आयोग (NCST)
- राष्ट्रीय पिछड़ा वर्ग आयोग (NCBC)
- इन आयोगों के प्रमुख कार्य
- नागरिक इनसे कब संपर्क कर सकते हैं
- आयोग और न्यायालय में अंतर

इस अध्याय का उद्देश्य नागरिकों को यह समझाना है कि अधिकारों और संरक्षणों से संबंधित मामलों में विभिन्न संस्थाएँ किस प्रकार सहायता प्रदान कर सकती हैं।

**मैं आयोग से कब संपर्क कर सकता हूँ?**

कई नागरिकों के मन में यह प्रश्न होता है कि आयोगों से संपर्क करने की आवश्यकता कब पड़ सकती है। सामान्य रूप से, यदि किसी व्यक्ति को लगता है कि उसके अधिकारों, संरक्षणों या संबंधित कल्याणकारी व्यवस्थाओं के संबंध में कोई गंभीर समस्या उत्पन्न हुई है, तो वह संबंधित आयोग से संपर्क करने पर विचार कर सकता है।

उदाहरण के लिए:

- अधिकारों से संबंधित शिकायत
- कथित भेदभाव का मामला
- संरक्षण संबंधी प्रावधानों के क्रियान्वयन में समस्या
- किसी योजना या सुविधा के संबंध में गंभीर शिकायत
- संबंधित अधिकारियों द्वारा उचित कार्रवाई न किए जाने की स्थिति

यह समझना महत्वपूर्ण है कि आयोग न्यायालयों का स्थान नहीं लेते। उनका कार्य शिकायतों की जाँच करना, संबंधित अधिकारियों से जानकारी प्राप्त करना, सिफारिशें देना और अधिकारों से जुड़े मुद्दों पर निगरानी रखना होता है।

इसी कारण किसी समस्या की प्रकृति के अनुसार आयोग, विभाग, पुलिस, विधिक सेवा प्राधिकरण या न्यायालय सभी की भूमिकाएँ अलग-अलग हो सकती हैं।

**राष्ट्रीय अनुसूचित जाति आयोग (NCSC)**

**यह क्या है?**

राष्ट्रीय अनुसूचित जाति आयोग (National Commission for Scheduled Castes – NCSC) एक संवैधानिक निकाय है जिसका उद्देश्य अनुसूचित जातियों (SC) से संबंधित संवैधानिक और कानूनी संरक्षणों की निगरानी करना तथा उनके हितों से जुड़े मामलों पर ध्यान देना है।

**संवैधानिक आधार: अनुच्छेद 338**

भारतीय संविधान का अनुच्छेद 338 राष्ट्रीय अनुसूचित जाति आयोग के गठन और कार्यों का आधार प्रदान करता है।

यह संवैधानिक प्रावधान आयोग को अनुसूचित जातियों से संबंधित मुद्दों का अध्ययन करने, शिकायतों की जाँच करने और सरकार को सुझाव देने की भूमिका प्रदान करता है।

**प्रमुख कार्य**

राष्ट्रीय अनुसूचित जाति आयोग के प्रमुख कार्यों में शामिल हैं:

- संवैधानिक और कानूनी संरक्षणों की निगरानी
- शिकायतों की जाँच
- संबंधित अधिकारियों से जानकारी प्राप्त करना
- सरकार को सुझाव और सिफारिशें देना
- अनुसूचित जातियों से संबंधित मुद्दों का अध्ययन करना
- संरक्षणों के प्रभावी क्रियान्वयन पर ध्यान देना

**नागरिक कब संपर्क कर सकते हैं?**

परिस्थिति के अनुसार नागरिक आयोग से संपर्क करने पर विचार कर सकते हैं यदि:

- उन्हें लगता है कि संबंधित संरक्षणों का पालन नहीं हो रहा है।
- अधिकारों से संबंधित गंभीर शिकायत हो।
- किसी मामले में संबंधित अधिकारियों की कार्रवाई पर प्रश्न हों।
- संरक्षणों या योजनाओं के क्रियान्वयन से जुड़ी समस्या हो।

**एक सरल उदाहरण**

मान लीजिए किसी व्यक्ति को लगता है कि उसके लिए उपलब्ध किसी संवैधानिक या कानूनी संरक्षण का उचित पालन नहीं किया गया है। ऐसी स्थिति

में वह उपलब्ध प्रक्रियाओं के अनुसार आयोग का ध्यान उस विषय की ओर आकर्षित कर सकता है।

**याद रखने योग्य बात**

राष्ट्रीय अनुसूचित जाति आयोग न्यायालय नहीं है। इसका मुख्य कार्य शिकायतों की जाँच, निगरानी, अध्ययन और सिफारिशों के माध्यम से अनुसूचित जातियों से संबंधित संरक्षणों को मजबूत करने में योगदान देना है।

**राष्ट्रीय अनुसूचित जनजाति आयोग (NCST)**

***यह क्या है?***

राष्ट्रीय अनुसूचित जनजाति आयोग (National Commission for Scheduled Tribes – NCST) एक संवैधानिक निकाय है जिसका उद्देश्य अनुसूचित जनजातियों (ST) के अधिकारों, हितों और संवैधानिक संरक्षणों की निगरानी करना है।

भारत की जनजातीय समुदायों की सामाजिक, सांस्कृतिक और भौगोलिक परिस्थितियाँ विविध हैं। इसी कारण संविधान ने उनके संरक्षण और विकास से जुड़े मुद्दों पर विशेष ध्यान देने की व्यवस्था की है।

**संवैधानिक आधारः अनुच्छेद 338A**

भारतीय संविधान का अनुच्छेद 338A राष्ट्रीय अनुसूचित जनजाति आयोग के गठन और कार्यों का आधार प्रदान करता है।

यह आयोग अनुसूचित जनजातियों से संबंधित संरक्षणों, योजनाओं और नीतियों के क्रियान्वयन की समीक्षा करने तथा संबंधित मामलों पर सरकार को सुझाव देने का कार्य करता है।

**प्रमुख कार्य**

राष्ट्रीय अनुसूचित जनजाति आयोग के प्रमुख कार्यों में शामिल हैं:

- अनुसूचित जनजातियों से संबंधित संवैधानिक संरक्षणों की निगरानी
- शिकायतों की जाँच
- जनजातीय समुदायों से जुड़े मुद्दों का अध्ययन
- संबंधित अधिकारियों से जानकारी प्राप्त करना
- सरकार को सुझाव और सिफारिशें देना
- कल्याणकारी योजनाओं और नीतियों की समीक्षा करना

**नागरिक कब संपर्क कर सकते हैं?**

परिस्थिति के अनुसार नागरिक आयोग से संपर्क करने पर विचार कर सकते हैं यदि:

- जनजातीय अधिकारों से संबंधित गंभीर शिकायत हो।
- किसी संरक्षण या योजना के क्रियान्वयन में समस्या हो।
- संबंधित अधिकारियों द्वारा उचित कार्रवाई न किए जाने की आशंका हो।
- अनुसूचित जनजातियों के हितों से जुड़े किसी महत्वपूर्ण मुद्दे पर ध्यान आकर्षित करना हो।

**एक सरल उदाहरण**

यदि किसी व्यक्ति या समुदाय को लगता है कि अनुसूचित जनजातियों के लिए उपलब्ध किसी संरक्षण, योजना या अधिकार से संबंधित गंभीर समस्या उत्पन्न हुई है, तो उपलब्ध प्रक्रियाओं के अनुसार आयोग का ध्यान उस विषय की ओर आकर्षित किया जा सकता है।

**क्या आप जानते हैं?**

राष्ट्रीय अनुसूचित जनजाति आयोग केवल शिकायतों तक सीमित नहीं है। यह जनजातीय समुदायों के विकास, कल्याण और संरक्षण से जुड़े व्यापक मुद्दों का भी अध्ययन करता है।

**याद रखने योग्य बात**

राष्ट्रीय अनुसूचित जनजाति आयोग का उद्देश्य अनुसूचित जनजातियों से संबंधित अधिकारों, संरक्षणों और विकासात्मक हितों की निगरानी तथा संवर्धन में योगदान देना है।

## राष्ट्रीय पिछड़ा वर्ग आयोग (NCBC)

***यह क्या है?***

राष्ट्रीय पिछड़ा वर्ग आयोग (National Commission for Backward Classes – NCBC) एक संवैधानिक निकाय है जो अन्य पिछड़ा वर्ग (OBC) से संबंधित मामलों, संरक्षणों और हितों पर ध्यान देने का कार्य करता है।

इसका उद्देश्य पिछड़े वर्गों से जुड़े मुद्दों का अध्ययन करना, शिकायतों पर विचार करना और सरकार को आवश्यक सुझाव प्रदान करना है।

**संवैधानिक आधार: अनुच्छेद 338B**

भारतीय संविधान का अनुच्छेद 338B राष्ट्रीय पिछड़ा वर्ग आयोग के गठन और कार्यों का आधार प्रदान करता है।

इस संवैधानिक प्रावधान के माध्यम से आयोग को पिछड़े वर्गों से संबंधित विषयों की निगरानी, समीक्षा और अध्ययन की भूमिका प्रदान की गई है।

**राष्ट्रीय पिछड़ा वर्ग आयोग और अन्य आयोगों में अंतर**

राष्ट्रीय अनुसूचित जाति आयोग (NCSC) अनुसूचित जातियों से संबंधित मामलों पर कार्य करता है।

राष्ट्रीय अनुसूचित जनजाति आयोग (NCST) अनुसूचित जनजातियों से संबंधित विषयों पर ध्यान देता है।

वहीं राष्ट्रीय पिछड़ा वर्ग आयोग (NCBC) अन्य पिछड़े वर्गों से जुड़े मुद्दों, संरक्षणों और व्यवस्थाओं पर केंद्रित रहता है।

तीनों आयोगों का व्यापक उद्देश्य सामाजिक न्याय और संवैधानिक संरक्षणों को मजबूत करना है, लेकिन उनके कार्यक्षेत्र अलग-अलग समुदायों से संबंधित होते हैं।

**प्रमुख कार्य**

राष्ट्रीय पिछड़ा वर्ग आयोग के प्रमुख कार्यों में शामिल हैं:

- पिछड़े वर्गों से संबंधित संरक्षणों की समीक्षा
- शिकायतों पर विचार करना
- संबंधित अधिकारियों से जानकारी प्राप्त करना
- सरकार को सुझाव और सिफारिशें देना
- पिछड़े वर्गों से संबंधित नीतियों का अध्ययन करना
- सामाजिक और शैक्षिक प्रगति से जुड़े मुद्दों पर ध्यान देना

**नागरिक कब संपर्क कर सकते हैं?**

परिस्थिति के अनुसार नागरिक आयोग से संपर्क करने पर विचार कर सकते हैं यदि:

- OBC से संबंधित किसी संरक्षण या व्यवस्था के संबंध में गंभीर शिकायत हो।
- संबंधित अधिकारियों द्वारा उचित कार्रवाई न किए जाने की आशंका हो।
- किसी नीति या सुविधा के क्रियान्वयन से जुड़ी समस्या हो।
- पिछड़े वर्गों के हितों से संबंधित किसी महत्वपूर्ण विषय पर ध्यान आकर्षित करना हो।

एक सरल उदाहरण

यदि किसी व्यक्ति को लगता है कि पिछड़े वर्गों से संबंधित किसी संरक्षण, योजना या प्रक्रिया के क्रियान्वयन में गंभीर समस्या है, तो उपलब्ध प्रक्रियाओं के अनुसार वह संबंधित विषय आयोग के समक्ष प्रस्तुत कर सकता है।

याद रखने योग्य बात

राष्ट्रीय पिछड़ा वर्ग आयोग का उद्देश्य पिछड़े वर्गों से संबंधित संरक्षणों, अवसरों और नीतियों की निगरानी तथा सुधार की दिशा में योगदान देना है।

आयोग और न्यायालय में क्या अंतर है?

कई लोग यह मान लेते हैं कि आयोग और न्यायालय एक ही प्रकार की संस्था हैं। वास्तव में दोनों की भूमिकाएँ अलग-अलग होती हैं और भारतीय लोकतांत्रिक व्यवस्था में दोनों का अपना-अपना महत्व है।

आयोग मुख्य रूप से शिकायतों की जाँच, निगरानी, अध्ययन और सिफारिशों से संबंधित भूमिका निभाते हैं, जबकि न्यायालय कानूनी विवादों पर निर्णय देने और कानून की व्याख्या करने का अधिकार रखते हैं।

**एक नज़र में**

**आयोगों की भूमिका**

आयोग नागरिकों की शिकायतों पर ध्यान दे सकते हैं, संबंधित अधिकारियों से रिपोर्ट माँग सकते हैं, अध्ययन कर सकते हैं और सरकार को सुझाव दे सकते हैं।

वे अधिकारों और संरक्षणों के प्रभावी क्रियान्वयन पर निगरानी रखने में महत्वपूर्ण भूमिका निभाते हैं।

**न्यायालयों की भूमिका**

न्यायालय संविधान और कानूनों के अनुसार मामलों की सुनवाई करते हैं। वे कानूनी विवादों का समाधान कर सकते हैं और आवश्यक होने पर आदेश या निर्णय जारी कर सकते हैं।

**दोनों क्यों महत्वपूर्ण हैं?**

आयोग और न्यायालय एक-दूसरे के प्रतिस्पर्धी नहीं हैं। वे लोकतांत्रिक व्यवस्था के अलग-अलग लेकिन महत्वपूर्ण भाग हैं।

आयोग जागरूकता, निगरानी और शिकायतों के परीक्षण में सहायता करते हैं, जबकि न्यायालय कानूनी निर्णय और न्यायिक राहत प्रदान करते हैं।

**याद रखने योग्य बात**

यदि किसी समस्या के संबंध में आयोग और न्यायालय दोनों की भूमिका हो सकती है, तो उचित मार्ग का चयन परिस्थितियों, कानूनी प्रावधानों और उपलब्ध प्रक्रियाओं पर निर्भर करता है।

**एक नागरिक को क्या याद रखना चाहिए?**

राष्ट्रीय आयोग और संस्थाएँ नागरिकों के अधिकारों, संरक्षणों और शिकायतों से जुड़े मामलों में महत्वपूर्ण भूमिका निभाती हैं। लेकिन इन संस्थाओं का प्रभावी उपयोग तभी संभव है जब नागरिक उनके कार्यों और सीमाओं को समझें।

याद रखें:

- आयोग जागरूकता, निगरानी और शिकायतों के परीक्षण में सहायता कर सकते हैं।
- आयोग संबंधित अधिकारियों से जानकारी प्राप्त कर सकते हैं और सिफारिशें दे सकते हैं।
- आयोग न्यायालयों का स्थान नहीं लेते।
- शिकायत दर्ज करते समय सटीक जानकारी और दस्तावेज़ महत्वपूर्ण होते हैं।
- आधिकारिक वेबसाइटों और प्रक्रियाओं का उपयोग करना चाहिए।
- आवश्यकता पड़ने पर कानूनी सहायता भी प्राप्त की जा सकती है।

संवैधानिक जागरूकता का अर्थ केवल अधिकारों को जानना नहीं है, बल्कि यह समझना भी है कि आवश्यकता पड़ने पर सहायता कहाँ से प्राप्त की जा सकती है।

**इस अध्याय से मुख्य बातें**

- राष्ट्रीय अनुसूचित जाति आयोग (NCSC) का संवैधानिक आधार अनुच्छेद 338 है।
- राष्ट्रीय अनुसूचित जनजाति आयोग (NCST) का संवैधानिक आधार अनुच्छेद 338A है।
- राष्ट्रीय पिछड़ा वर्ग आयोग (NCBC) का संवैधानिक आधार अनुच्छेद 338B है।
- आयोग संवैधानिक संरक्षणों और शिकायतों से जुड़े मामलों की निगरानी करते हैं।
- आयोग संबंधित अधिकारियों से जानकारी प्राप्त कर सकते हैं और सिफारिशें दे सकते हैं।
- आयोग और न्यायालय की भूमिकाएँ अलग-अलग हैं।
- नागरिकों के लिए सही संस्था की पहचान करना महत्वपूर्ण है।

**चिंतन के प्रश्न**

1. NCSC, NCST और NCBC के कार्यों में क्या समानताएँ हैं?
2. अनुच्छेद 338, 338A और 338B का क्या महत्व है?
3. आयोग और न्यायालय में क्या प्रमुख अंतर है?
4. किसी नागरिक को आयोग से कब संपर्क करने पर विचार करना चाहिए?
5. संवैधानिक जागरूकता और संस्थागत सहायता के बीच क्या संबंध है?

**संदर्भ**

- भारत का संविधान
- अनुच्छेद 338
- अनुच्छेद 338A
- अनुच्छेद 338B
- राष्ट्रीय अनुसूचित जाति आयोग के आधिकारिक दस्तावेज़

- राष्ट्रीय अनुसूचित जनजाति आयोग के आधिकारिक दस्तावेज़
- राष्ट्रीय पिछड़ा वर्ग आयोग के आधिकारिक दस्तावेज़

# 10

# शिक्षा, छात्रवृत्तियाँ और अवसर

### सशक्तिकरण का सबसे प्रभावी साधन

यदि किसी एक साधन को व्यक्तिगत और सामाजिक सशक्तिकरण का सबसे प्रभावी माध्यम कहा जाए, तो वह शिक्षा होगी। शिक्षा केवल ज्ञान प्राप्त करने का साधन नहीं है; यह आत्मविश्वास, अवसर, नेतृत्व क्षमता और बेहतर भविष्य की आधारशिला भी है।

भारतीय संविधान के निर्माण से लेकर आधुनिक भारत के विकास तक शिक्षा को सामाजिक परिवर्तन का महत्वपूर्ण साधन माना गया है। डॉ. भीमराव आंबेडकर सहित अनेक विचारकों ने इस बात पर बल दिया कि शिक्षा व्यक्ति को अपने अधिकारों को समझने, अवसरों का लाभ उठाने और समाज में सकारात्मक योगदान देने की क्षमता प्रदान करती है।

आज भारत में विद्यार्थियों के लिए अनेक छात्रवृत्ति योजनाएँ, शैक्षिक सहायता कार्यक्रम, कौशल विकास पहल और उच्च शिक्षा के अवसर उपलब्ध हैं। लेकिन अनेक बार जानकारी के अभाव में छात्र इन अवसरों का पूरा लाभ नहीं उठा पाते।

इसी कारण शिक्षा से संबंधित अवसरों और सहायता व्यवस्थाओं की जानकारी प्राप्त करना अत्यंत महत्वपूर्ण है।

शिक्षा केवल विद्यालय या विश्वविद्यालय तक सीमित नहीं है। आज छात्रवृत्तियाँ, डिजिटल शिक्षा, कौशल विकास कार्यक्रम, प्रशिक्षण योजनाएँ और विभिन्न शैक्षिक सहायता पहल भी विद्यार्थियों के लिए नए अवसरों के द्वार खोल रही हैं। इन अवसरों की जानकारी और उनका प्रभावी उपयोग विद्यार्थियों

को अपने शैक्षिक और व्यावसायिक लक्ष्यों की दिशा में आगे बढ़ने में सहायता कर सकता है।

भारतीय संविधान का अनुच्छेद 21A शिक्षा के अधिकार को मान्यता देता है, जबकि अनुच्छेद 46 समाज के कमजोर वर्गों के शैक्षिक हितों को बढ़ावा देने की दिशा प्रदान करता है। यह दर्शाता है कि शिक्षा केवल व्यक्तिगत विकास का साधन नहीं, बल्कि संवैधानिक दृष्टि से भी एक महत्वपूर्ण राष्ट्रीय प्राथमिकता है।

**शिक्षा और सशक्तिकरण का संबंध**

शिक्षा और सशक्तिकरण का संबंध अत्यंत गहरा है। शिक्षा केवल जानकारी प्राप्त करने की प्रक्रिया नहीं है; यह व्यक्ति को सोचने, निर्णय लेने, समस्याओं को समझने और अपने जीवन की दिशा निर्धारित करने की क्षमता भी प्रदान करती है।

**शिक्षा और अधिकारों की जागरूकता**

एक शिक्षित नागरिक अपने अधिकारों, कर्तव्यों और उपलब्ध अवसरों को बेहतर ढंग से समझ सकता है। संवैधानिक जागरूकता, कानूनी जानकारी और लोकतांत्रिक भागीदारी का आधार भी शिक्षा ही है।

जब लोग अपने अधिकारों को समझते हैं, तब वे उपलब्ध संस्थागत व्यवस्थाओं और अवसरों का अधिक प्रभावी उपयोग कर सकते हैं।

**शिक्षा और रोजगार**

आज के समय में शिक्षा रोजगार, कौशल विकास और आर्थिक आत्मनिर्भरता से भी जुड़ी हुई है। गुणवत्तापूर्ण शिक्षा व्यक्ति को नई संभावनाओं और व्यावसायिक अवसरों तक पहुँचने में सहायता कर सकती है।

हालाँकि शिक्षा केवल नौकरी प्राप्त करने का माध्यम नहीं है; यह जीवन भर सीखने और बदलती परिस्थितियों के अनुरूप स्वयं को विकसित करने की क्षमता भी प्रदान करती है।

**शिक्षा और नेतृत्व**

इतिहास में अनेक ऐसे व्यक्तित्व हुए हैं जिन्होंने शिक्षा के माध्यम से समाज और राष्ट्र के विकास में महत्वपूर्ण योगदान दिया। शिक्षित नागरिक लोकतांत्रिक प्रक्रियाओं, सामाजिक पहलों और सार्वजनिक जीवन में अधिक सक्रिय भूमिका निभा सकते हैं।

**डॉ. आंबेडकर और शिक्षा**

डॉ. भीमराव आंबेडकर शिक्षा को सामाजिक परिवर्तन का सबसे प्रभावी साधन मानते थे। उन्होंने स्वयं अपने जीवन में ज्ञान की शक्ति का उदाहरण प्रस्तुत किया

और शिक्षा को प्रगति तथा आत्मसम्मान का आधार बताया।

उनका जीवन इस बात का प्रमाण है कि शिक्षा व्यक्ति और समाज दोनों के लिए परिवर्तनकारी शक्ति बन सकती है।

**संवैधानिक दृष्टिकोण**

भारतीय संविधान शिक्षा, समान अवसर और सामाजिक न्याय को परस्पर जुड़ी हुई अवधारणाओं के रूप में देखता है। इसी कारण शिक्षा को केवल व्यक्तिगत उपलब्धि नहीं, बल्कि राष्ट्र निर्माण और लोकतांत्रिक विकास का महत्वपूर्ण साधन माना जाता है।

**याद रखने योग्य बात**

शिक्षा केवल डिग्री प्राप्त करने का माध्यम नहीं है। यह जागरूकता, आत्मविश्वास, अवसर और सशक्तिकरण की आधारशिला है।

**छात्रवृत्ति क्या होती है?**

छात्रवृत्ति (Scholarship) ऐसी वित्तीय सहायता होती है जो विद्यार्थियों को उनकी शिक्षा जारी रखने और शैक्षणिक लक्ष्यों को प्राप्त करने में सहायता प्रदान करती है। छात्रवृत्ति का उद्देश्य आर्थिक बाधाओं को कम करना और योग्य विद्यार्थियों को आगे बढ़ने के अवसर उपलब्ध कराना है।

छात्रवृत्तियाँ विभिन्न आधारों पर प्रदान की जा सकती हैं। इसलिए किसी भी विद्यार्थी के लिए यह समझना महत्वपूर्ण है कि छात्रवृत्तियों के प्रकार क्या हैं और उनके लिए आवेदन कैसे किया जा सकता है।

**योग्यता आधारित छात्रवृत्तियाँ (Merit-Based Scholarships)**

ये छात्रवृत्तियाँ सामान्यतः शैक्षणिक उपलब्धियों, उत्कृष्ट प्रदर्शन, प्रतियोगी परीक्षाओं या विशेष प्रतिभाओं के आधार पर प्रदान की जाती हैं।

इनका उद्देश्य उन विद्यार्थियों को प्रोत्साहित करना होता है जिन्होंने किसी क्षेत्र में उल्लेखनीय उपलब्धि प्राप्त की हो।

**आर्थिक आवश्यकता आधारित छात्रवृत्तियाँ (Need-Based Scholarships)**

कुछ छात्रवृत्तियाँ विद्यार्थियों की आर्थिक परिस्थितियों को ध्यान में रखकर प्रदान की जाती हैं।

इनका उद्देश्य यह सुनिश्चित करना होता है कि आर्थिक कठिनाइयाँ शिक्षा प्राप्त करने में बाधा न बनें।

**श्रेणी आधारित छात्रवृत्तियाँ (Category-Based Scholarships)**

कुछ छात्रवृत्तियाँ विशेष समुदायों, सामाजिक समूहों या विशेष परिस्थितियों वाले विद्यार्थियों के लिए उपलब्ध होती हैं।

इनका उद्देश्य अवसरों तक अधिक न्यायपूर्ण पहुँच को बढ़ावा देना है।

**संस्थागत छात्रवृत्तियाँ**

अनेक विद्यालय, महाविद्यालय, विश्वविद्यालय और अन्य शैक्षणिक संस्थान भी अपने विद्यार्थियों के लिए छात्रवृत्ति या शुल्क सहायता कार्यक्रम संचालित करते हैं।

इनकी पात्रता और नियम संस्थान के अनुसार अलग-अलग हो सकते हैं।

**अंतरराष्ट्रीय छात्रवृत्तियाँ**

उच्च शिक्षा के लिए विदेश में अध्ययन करने के इच्छुक विद्यार्थियों के लिए भी अनेक अंतरराष्ट्रीय छात्रवृत्ति कार्यक्रम उपलब्ध होते हैं।

ये छात्रवृत्तियाँ विभिन्न विश्वविद्यालयों, सरकारों, फाउंडेशनों और अंतरराष्ट्रीय संगठनों द्वारा प्रदान की जा सकती हैं।

**छात्रवृत्ति क्यों महत्वपूर्ण है?**

छात्रवृत्ति केवल आर्थिक सहायता नहीं होती। यह विद्यार्थियों को उच्च शिक्षा, शोध, कौशल विकास और नए अवसरों तक पहुँचने में सहायता प्रदान कर सकती है।

कई बार एक छात्रवृत्ति किसी विद्यार्थी के पूरे शैक्षणिक और व्यावसायिक भविष्य की दिशा बदल सकती है।

**याद रखने योग्य बात**

छात्रवृत्ति का उद्देश्य केवल आर्थिक सहायता प्रदान करना नहीं, बल्कि योग्य और प्रेरित विद्यार्थियों को आगे बढ़ने के अवसर उपलब्ध कराना भी है।

**छात्रवृत्ति की जानकारी कहाँ से प्राप्त करें?**

अनेक विद्यार्थी छात्रवृत्तियों के बारे में सुनते तो हैं, लेकिन उन्हें यह नहीं पता होता कि सही और अद्यतन जानकारी कहाँ से प्राप्त की जाए। परिणामस्वरूप वे कई महत्वपूर्ण अवसरों से वंचित रह जाते हैं।

छात्रवृत्तियों की जानकारी प्राप्त करते समय हमेशा आधिकारिक और विश्वसनीय स्रोतों पर भरोसा करना चाहिए।

**राष्ट्रीय छात्रवृत्ति पोर्टल (National Scholarship Portal)**

राष्ट्रीय छात्रवृत्ति पोर्टल (NSP) भारत में विभिन्न छात्रवृत्ति योजनाओं की जानकारी प्राप्त करने के प्रमुख माध्यमों में से एक है।

यह पोर्टल पात्रता, आवेदन प्रक्रिया और आवश्यक दस्तावेज़ों से संबंधित जानकारी उपलब्ध करा सकता है।

**विश्वविद्यालयों और महाविद्यालयों की वेबसाइटें**

अनेक विश्वविद्यालय और शैक्षणिक संस्थान अपनी आधिकारिक वेबसाइटों पर छात्रवृत्तियों, शुल्क सहायता और वित्तीय सहायता कार्यक्रमों की जानकारी प्रकाशित करते हैं।

उच्च शिक्षा प्राप्त करने की योजना बना रहे विद्यार्थियों को नियमित रूप से संबंधित संस्थानों की वेबसाइट देखनी चाहिए।

**सरकारी विभाग और संस्थाएँ**

केंद्र और राज्य सरकारों के विभिन्न विभाग समय-समय पर शैक्षिक सहायता और छात्रवृत्ति संबंधी सूचनाएँ जारी करते हैं।

इसलिए संबंधित विभागों की आधिकारिक वेबसाइटों और अधिसूचनाओं पर ध्यान देना उपयोगी हो सकता है।

**विद्यालय और महाविद्यालय**

विद्यालयों, महाविद्यालयों और विश्वविद्यालयों के सूचना-पट्ट (Notice Board), छात्र कल्याण कार्यालय और मार्गदर्शन केंद्र भी महत्वपूर्ण जानकारी के स्रोत हो सकते हैं।

कई अवसर ऐसे होते हैं जिनकी जानकारी सबसे पहले संस्थान के माध्यम से उपलब्ध होती है।

**विश्वसनीय सूचना स्रोत**

जानकारी प्राप्त करते समय यह सुनिश्चित करना चाहिए कि स्रोत विश्वसनीय और अद्यतन हो।

केवल सोशल मीडिया पोस्ट, अपुष्ट संदेशों या अनौपचारिक स्रोतों पर निर्भर रहना उचित नहीं है।

**जानकारी की पुष्टि क्यों आवश्यक है?**

छात्रवृत्ति योजनाओं की पात्रता, अंतिम तिथियाँ और नियम समय-समय पर बदल सकते हैं।

इसलिए किसी भी आवेदन से पहले आधिकारिक स्रोत से जानकारी की पुष्टि करना आवश्यक है।

**याद रखने योग्य बात**

सही अवसर प्राप्त करने का पहला कदम सही जानकारी प्राप्त करना है। आधिकारिक और अद्यतन स्रोतों का उपयोग विद्यार्थियों को बेहतर निर्णय लेने में सहायता कर सकता है।

**छात्रवृत्ति के लिए आवेदन करते समय किन बातों का ध्यान रखें?**

छात्रवृत्ति प्राप्त करना केवल अवसर खोजने तक सीमित नहीं है। आवेदन प्रक्रिया को सही ढंग से पूरा करना भी उतना ही महत्वपूर्ण है। कई योग्य विद्यार्थी केवल छोटी-छोटी त्रुटियों के कारण महत्वपूर्ण अवसरों से वंचित रह जाते हैं।

**1. पात्रता (Eligibility) को ध्यान से पढ़ें**

आवेदन करने से पहले यह सुनिश्चित करें कि आप संबंधित छात्रवृत्ति की पात्रता शर्तों को पूरा करते हैं।

ध्यान दें:

- शैक्षणिक योग्यता
- आयु सीमा (यदि लागू हो)
- शैक्षिक स्तर
- आय संबंधी मानदंड
- अन्य विशेष शर्तें

**2. अंतिम तिथि का ध्यान रखें**

कई छात्रवृत्ति अवसर केवल इसलिए छूट जाते हैं क्योंकि आवेदन समय पर जमा नहीं किया गया।

अंतिम तिथि को नोट करें और अंतिम दिन तक प्रतीक्षा करने से बचें।

**3. आवश्यक दस्तावेज़ पहले से तैयार रखें**

आवेदन शुरू करने से पहले आवश्यक दस्तावेज़ व्यवस्थित कर लें।

उदाहरण:

- पहचान पत्र
- शैक्षणिक प्रमाणपत्र
- अंकसूची
- आय प्रमाणपत्र (यदि आवश्यक हो)
- पासपोर्ट आकार का फोटो
- अन्य आवश्यक दस्तावेज़

**4. आवेदन में सही जानकारी दें**

नाम, जन्मतिथि, संपर्क विवरण, शैक्षणिक जानकारी और अन्य विवरण सावधानीपूर्वक भरें।

छोटी त्रुटियाँ भी आवेदन प्रक्रिया को प्रभावित कर सकती हैं।

**5. आवेदन की प्रति सुरक्षित रखें**

ऑनलाइन या ऑफलाइन आवेदन करने के बाद उसकी प्रति अपने पास सुरक्षित रखें।

यदि संदर्भ संख्या (Reference Number) उपलब्ध हो, तो उसे भी नोट कर लें।

**6. ईमेल और मोबाइल नंबर सक्रिय रखें**

कई संस्थाएँ आवेदन से संबंधित महत्वपूर्ण जानकारी ईमेल या मोबाइल संदेश के माध्यम से भेजती हैं।

इसलिए आवेदन में दिया गया संपर्क विवरण सही और सक्रिय होना चाहिए।

**7. नियमित रूप से स्थिति जाँचें**

आवेदन जमा करने के बाद उसकी स्थिति पर समय-समय पर नज़र रखें।

यदि कोई अतिरिक्त दस्तावेज़ या जानकारी माँगी जाए, तो समय पर उपलब्ध कराएँ।

**एक छोटा सुझाव**

आवेदन जमा करने से पहले एक बार पूरी जानकारी दोबारा जाँच लें। कुछ मिनट की सावधानी भविष्य में बड़ी समस्याओं से बचा सकती है।

**याद रखने योग्य बात**

सफल आवेदन केवल योग्यता पर निर्भर नहीं करता; सही जानकारी, समय पर कार्रवाई और सावधानीपूर्वक तैयारी भी उतनी ही महत्वपूर्ण होती है।

**उच्च शिक्षा के अवसर**

आज के समय में शिक्षा के अनेक मार्ग उपलब्ध हैं। विद्‌यालय की शिक्षा पूरी करने के बाद विद्‌यार्थी अपनी रुचियों, क्षमताओं और करियर लक्ष्यों के अनुसार विभिन्न शैक्षणिक और व्यावसायिक विकल्प चुन सकते हैं।

महत्वपूर्ण बात यह है कि सही जानकारी, योजना और तैयारी के माध्यम से विद्‌यार्थी अपने लिए उपयुक्त अवसरों की पहचान कर सकते हैं।

**स्नातक (Undergraduate) शिक्षा**

स्नातक स्तर उच्च शिक्षा का पहला चरण होता है। विद्‌यार्थी कला, वाणिज्य, विज्ञान, मानविकी, सामाजिक विज्ञान, इंजीनियरिंग, चिकित्सा, विधि, प्रबंधन और अन्य अनेक क्षेत्रों में अध्ययन कर सकते हैं।

सही विषय का चयन करते समय केवल लोकप्रियता नहीं, बल्कि अपनी रुचि, क्षमता और दीर्घकालिक लक्ष्यों को भी ध्यान में रखना चाहिए।

**स्नातकोत्तर (Postgraduate) शिक्षा**

जो विद्यार्थी किसी विषय में गहन अध्ययन करना चाहते हैं, वे स्नातकोत्तर स्तर पर आगे बढ़ सकते हैं।

स्नातकोत्तर शिक्षा विशेषज्ञता विकसित करने, शोध कार्य करने और उन्नत व्यावसायिक अवसर प्राप्त करने में सहायता कर सकती है।

**व्यावसायिक और पेशेवर पाठ्यक्रम**

सभी विद्यार्थियों के लिए पारंपरिक विश्वविद्यालय शिक्षा ही एकमात्र मार्ग नहीं है।

आज अनेक व्यावसायिक और पेशेवर पाठ्यक्रम उपलब्ध हैं, जैसे:

- कौशल विकास कार्यक्रम
- तकनीकी प्रशिक्षण
- व्यावसायिक प्रमाणपत्र (Professional Certifications)
- उद्योग-विशिष्ट प्रशिक्षण कार्यक्रम

ये कार्यक्रम रोजगार क्षमता और व्यावहारिक दक्षताओं को विकसित करने में सहायता कर सकते हैं।

**प्रतियोगी परीक्षाएँ और करियर अवसर**

कई विद्यार्थी विभिन्न प्रतियोगी परीक्षाओं के माध्यम से सार्वजनिक सेवाओं, रक्षा सेवाओं, बैंकिंग, न्यायिक सेवाओं, शिक्षण और अन्य क्षेत्रों में अवसर प्राप्त करने का प्रयास करते हैं।

इन परीक्षाओं में सफलता के लिए नियमित अध्ययन, योजना और अनुशासन महत्वपूर्ण होते हैं।

**विदेश में अध्ययन**

आज अनेक भारतीय विद्यार्थी विदेशों में उच्च शिक्षा प्राप्त कर रहे हैं।

विदेश में अध्ययन के संभावित लाभों में शामिल हो सकते हैं:

- वैश्विक शैक्षणिक अनुभव
- अंतरराष्ट्रीय शोध अवसर
- सांस्कृतिक आदान-प्रदान
- नए व्यावसायिक नेटवर्क

हालाँकि, विदेश में अध्ययन का निर्णय लेते समय संस्थान की गुणवत्ता, वित्तीय योजना, छात्रवृत्ति अवसरों और दीर्घकालिक लक्ष्यों पर सावधानीपूर्वक विचार करना चाहिए।

**अवसरों का चयन कैसे करें?**

किसी भी अवसर का चयन करते समय स्वयं से कुछ प्रश्न पूछना उपयोगी हो सकता है:

1. मेरी रुचि किस क्षेत्र में है?
2. मेरी क्षमताएँ और मजबूत पक्ष क्या हैं?
3. मैं भविष्य में किस प्रकार का कार्य करना चाहता हूँ?
4. इस क्षेत्र में उपलब्ध अवसर क्या हैं?
5. क्या इसके लिए छात्रवृत्ति या वित्तीय सहायता उपलब्ध है?

**याद रखने योग्य बात**

सही अवसर केवल उपलब्ध नहीं होते, उन्हें खोजा और उपयोग किया जाता है। शिक्षा और निरंतर सीखने की इच्छा भविष्य के अनेक द्वार खोल सकती है।

**कौशल विकास और आजीवन सीखना**

आज की दुनिया तेजी से बदल रही है। नई तकनीकें, नए व्यवसाय और नए कौशल लगातार विकसित हो रहे हैं। ऐसी स्थिति में केवल औपचारिक शिक्षा पर्याप्त नहीं होती; निरंतर सीखने और स्वयं को विकसित करने की क्षमता भी अत्यंत महत्वपूर्ण बन जाती है।

**डिग्री और कौशल दोनों महत्वपूर्ण हैं**

शैक्षणिक डिग्री ज्ञान और योग्यता का महत्वपूर्ण प्रमाण हो सकती है, लेकिन व्यावहारिक कौशल भी उतने ही आवश्यक हैं।

आज अनेक संस्थाएँ ऐसे व्यक्तियों को महत्व देती हैं जो:

- समस्याओं का समाधान कर सकें
- प्रभावी संवाद कर सकें
- नई तकनीकें सीख सकें
- टीम में कार्य कर सकें
- बदलती परिस्थितियों के अनुसार स्वयं को अनुकूलित कर सकें

**डिजिटल शिक्षा के अवसर**

इंटरनेट और डिजिटल तकनीक ने सीखने के नए अवसर उपलब्ध कराए हैं। आज विद्यार्थी:

- ऑनलाइन पाठ्यक्रम (Online Courses)
- डिजिटल प्रमाणपत्र कार्यक्रम
- वेबिनार
- वर्चुअल प्रशिक्षण
- ई-लर्निंग प्लेटफ़ॉर्म
- के माध्यम से नई जानकारी और कौशल प्राप्त कर सकते हैं।

**संवाद कौशल (Communication Skills)**

ज्ञान महत्वपूर्ण है, लेकिन उसे प्रभावी रूप से प्रस्तुत करने की क्षमता भी उतनी ही महत्वपूर्ण है।

लेखन, सार्वजनिक भाषण, प्रस्तुतीकरण और संवाद कौशल शिक्षा तथा करियर दोनों में महत्वपूर्ण भूमिका निभाते हैं।

**आलोचनात्मक चिंतन (Critical Thinking)**

सूचना के युग में केवल जानकारी प्राप्त करना पर्याप्त नहीं है। यह समझना भी आवश्यक है कि कौन-सी जानकारी विश्वसनीय है, कौन-से तर्क उचित हैं और किसी समस्या का समाधान कैसे खोजा जाए।

आलोचनात्मक चिंतन व्यक्ति को बेहतर निर्णय लेने और जटिल परिस्थितियों को समझने में सहायता करता है।

**आजीवन सीखने का महत्व**

सीखना केवल विद्यालय या विश्वविद्यालय तक सीमित नहीं होना चाहिए।

सफल व्यक्ति अक्सर अपने पूरे जीवन में सीखते रहते हैं, नई क्षमताएँ विकसित करते हैं और बदलती दुनिया के साथ स्वयं को अद्यतन रखते हैं।

**एक प्रेरक विचार**

डॉ. भीमराव आंबेडकर ने शिक्षा को परिवर्तन की शक्ति माना था। आज के समय में यह विचार और भी अधिक प्रासंगिक है, क्योंकि ज्ञान और कौशल दोनों ही अवसरों के महत्वपूर्ण द्वार खोलते हैं।

**याद रखने योग्य बात**

भविष्य केवल डिग्री से नहीं, बल्कि सीखने की निरंतर इच्छा, नए कौशल विकसित करने की क्षमता और बदलती परिस्थितियों के साथ आगे बढ़ने की तैयारी से निर्मित होता है।

**छात्रवृत्ति और शैक्षिक अवसरों से जुड़ी सामान्य गलतियाँ**

अनेक विद्यार्थी योग्य होने के बावजूद छात्रवृत्तियों, शैक्षणिक सहायता कार्यक्रमों और अन्य अवसरों का लाभ नहीं उठा पाते। इसका कारण हमेशा संसाधनों की कमी नहीं होता; कई बार छोटी-छोटी गलतियाँ भी महत्वपूर्ण अवसरों को प्रभावित कर सकती हैं।

**1. अंतिम तिथियों को नज़रअंदाज़ करना**

सबसे सामान्य गलतियों में से एक है आवेदन की अंतिम तिथि पर ध्यान न देना।

कई अवसर समय-सीमित होते हैं। इसलिए महत्वपूर्ण तिथियों का रिकॉर्ड रखना और समय पर आवेदन करना आवश्यक है।

**2. पात्रता शर्तों को ध्यान से न पढ़ना**

कुछ विद्यार्थी बिना पात्रता की जाँच किए आवेदन कर देते हैं।

इससे समय और प्रयास दोनों व्यर्थ हो सकते हैं। आवेदन करने से पहले सभी आवश्यक शर्तों को ध्यानपूर्वक पढ़ना चाहिए।

**3. अधूरे दस्तावेज़ जमा करना**

आवेदन प्रक्रिया में अधूरे या गलत दस्तावेज़ बड़ी समस्या बन सकते हैं।

दस्तावेज़ जमा करने से पहले यह सुनिश्चित करें कि सभी आवश्यक प्रमाणपत्र और जानकारी उपलब्ध हैं।

**4. केवल एक अवसर पर निर्भर रहना**

कई विद्यार्थी केवल एक छात्रवृत्ति या एक संस्थान पर ध्यान केंद्रित करते हैं।

वास्तव में अनेक अवसर उपलब्ध हो सकते हैं। इसलिए विभिन्न विकल्पों की जानकारी प्राप्त करना उपयोगी होता है।

**5. अपुष्ट स्रोतों पर भरोसा करना**

आज के डिजिटल युग में गलत या भ्रामक जानकारी तेजी से फैल सकती है।

किसी भी छात्रवृत्ति, प्रवेश प्रक्रिया या शैक्षणिक अवसर की जानकारी केवल आधिकारिक और विश्वसनीय स्रोतों से ही सत्यापित करनी चाहिए।

**6. धोखाधड़ी और फर्जी योजनाओं से सावधान न रहना**

कभी-कभी ऐसे विज्ञापन या संदेश दिखाई देते हैं जो अवास्तविक लाभ का दावा करते हैं।

यदि कोई संस्था बिना स्पष्ट जानकारी के धनराशि माँगती हो या अत्यधिक आकर्षक वादे करती हो, तो सावधानी बरतनी चाहिए और जानकारी की पुष्टि करनी चाहिए।

**7. एक असफलता के बाद प्रयास छोड़ देना**

हर आवेदन सफल हो, यह आवश्यक नहीं है।

कई सफल विद्‌यार्थियों ने विभिन्न अवसरों के लिए अनेक बार आवेदन किया और निरंतर प्रयासों के बाद सफलता प्राप्त की।

असफलता को सीखने का अवसर मानना और आगे प्रयास जारी रखना महत्वपूर्ण है।

**एक छोटा सुझाव**

अवसरों की खोज, समय प्रबंधन, दस्तावेज़ों की तैयारी और नियमित जानकारी प्राप्त करने की आदत विद्‌यार्थियों को दीर्घकालिक लाभ पहुँचा सकती है।

**याद रखने योग्य बात**

अवसर केवल उपलब्ध होने से पर्याप्त नहीं होते। उनकी सही पहचान, समय पर तैयारी और सावधानीपूर्वक आवेदन ही सफलता की संभावना को बढ़ाते हैं।

*इस अध्याय से मुख्य बातें*

- शिक्षा व्यक्तिगत और सामाजिक सशक्तिकरण का महत्वपूर्ण साधन है।
- अनुच्छेद 21A और अनुच्छेद 46 शिक्षा के महत्व को संवैधानिक आधार प्रदान करते हैं।
- छात्रवृत्तियाँ आर्थिक और शैक्षणिक अवसरों तक पहुँच को मजबूत कर सकती हैं।
- छात्रवृत्तियों के विभिन्न प्रकार होते हैं, जिनकी पात्रता और उद्‌देश्य अलग-अलग हो सकते हैं।
- आधिकारिक और अद्‌यतन स्रोतों से जानकारी प्राप्त करना आवश्यक है।
- उच्च शिक्षा, कौशल विकास और आजीवन सीखना भविष्य निर्माण के महत्वपूर्ण साधन हैं।
- सही तैयारी और समय पर आवेदन अवसरों का लाभ उठाने में सहायता करते हैं।
- निरंतर सीखना बदलती दुनिया में सफलता की महत्वपूर्ण कुंजी है।

## चिंतन के प्रश्न

1. शिक्षा और सशक्तिकरण के बीच क्या संबंध है?
2. छात्रवृत्तियाँ विद्यार्थियों के जीवन को किस प्रकार प्रभावित कर सकती हैं?
3. छात्रवृत्ति के लिए आवेदन करते समय किन बातों का ध्यान रखना चाहिए?
4. कौशल विकास और औपचारिक शिक्षा एक-दूसरे के पूरक कैसे हैं?
5. आजीवन सीखने की अवधारणा आधुनिक दुनिया में क्यों महत्वपूर्ण है?

## संदर्भ


- भारत का संविधान
- अनुच्छेद 21A
- अनुच्छेद 46
- राष्ट्रीय छात्रवृत्ति पोर्टल (NSP)
- विश्वविद्यालय अनुदान आयोग (UGC) के सार्वजनिक संसाधन
- विभिन्न विश्वविद्यालयों और शैक्षणिक संस्थानों की आधिकारिक वेबसाइटें
- कौशल विकास और शिक्षा से संबंधित सरकारी प्रकाशन

# 11

# रोजगार, उद्यमिता और आर्थिक सशक्तिकरण

**अवसरों से आत्मनिर्भरता तक**

शिक्षा सशक्तिकरण की आधारशिला है, लेकिन शिक्षा का वास्तविक प्रभाव तब और अधिक दिखाई देता है जब वह व्यक्ति को अवसरों, रोजगार और आर्थिक आत्मनिर्भरता की दिशा में आगे बढ़ने में सहायता करती है।

आर्थिक सशक्तिकरण केवल आय अर्जित करने तक सीमित नहीं है। इसका संबंध आत्मनिर्भरता, निर्णय लेने की क्षमता, बेहतर जीवन स्तर और समाज में सक्रिय भागीदारी से भी है।

आज भारत में युवाओं के लिए रोजगार, कौशल विकास, उद्यमिता और स्वरोजगार के अनेक अवसर उपलब्ध हैं। तकनीकी प्रगति, डिजिटल अर्थव्यवस्था और नवाचार ने नए प्रकार के व्यवसायों और करियर विकल्पों के द्वार खोले हैं।

हालाँकि अवसरों का लाभ तभी प्राप्त किया जा सकता है जब व्यक्ति उनके बारे में जागरूक हो, आवश्यक कौशल विकसित करे और उपलब्ध संसाधनों का प्रभावी उपयोग करना सीखे।

**इस अध्याय में क्या सीखेंगे?**

इस अध्याय में हम समझेंगे:

- रोजगार और आर्थिक सशक्तिकरण का संबंध
- समान अवसर और रोजगार
- कौशल विकास का महत्व

- उद्यमिता और स्वरोजगार
- वित्तीय जागरूकता की भूमिका
- युवाओं के लिए उपलब्ध अवसर
- आर्थिक आत्मनिर्भरता की दिशा में व्यावहारिक कदम

इस अध्याय का उद्देश्य केवल रोजगार प्राप्त करने की चर्चा करना नहीं है, बल्कि यह समझाना भी है कि आर्थिक सशक्तिकरण व्यक्ति और समाज दोनों के विकास में किस प्रकार योगदान देता है।

**रोजगार और आर्थिक सशक्तिकरण का संबंध**

रोजगार केवल आय अर्जित करने का माध्यम नहीं है। यह व्यक्ति को आत्मनिर्भर बनने, अपने परिवार का समर्थन करने और समाज में सक्रिय भूमिका निभाने का अवसर भी प्रदान करता है। इसी कारण रोजगार को आर्थिक सशक्तिकरण का एक महत्वपूर्ण आधार माना जाता है।

**आर्थिक आत्मनिर्भरता का महत्व**

जब व्यक्ति अपनी क्षमताओं और परिश्रम के आधार पर आय अर्जित करता है, तो वह अपने जीवन से जुड़े निर्णय अधिक स्वतंत्रता के साथ ले सकता है। आर्थिक आत्मनिर्भरता आत्मविश्वास को बढ़ाती है और भविष्य की योजनाओं को साकार करने में सहायता करती है।

**रोजगार और गरिमा**

भारतीय संविधान प्रत्येक व्यक्ति की गरिमा को महत्व देता है। सम्मानजनक रोजगार व्यक्ति को केवल आर्थिक सुरक्षा ही नहीं देता, बल्कि उसे समाज में योगदान देने का अवसर भी प्रदान करता है।

इसी कारण रोजगार और मानव गरिमा के बीच गहरा संबंध माना जाता है।

**समान अवसर का महत्व**

समान अवसर किसी भी लोकतांत्रिक समाज की महत्वपूर्ण विशेषता है। लोगों को उनकी योग्यता, क्षमता और परिश्रम के आधार पर आगे बढ़ने के अवसर मिलने चाहिए।

भारतीय संविधान का अनुच्छेद 16 सार्वजनिक रोजगार के क्षेत्र में अवसरों की समानता के सिद्धांत को महत्व देता है। इसका उद्देश्य यह सुनिश्चित करना है कि सार्वजनिक रोजगार से संबंधित व्यवस्थाएँ निष्पक्षता और समान अवसर के मूल्यों पर आधारित हों।

**आर्थिक भागीदारी और विकास**

जब अधिक लोग शिक्षा प्राप्त करते हैं, कौशल विकसित करते हैं और रोजगार या उद्यमिता के माध्यम से अर्थव्यवस्था में योगदान देते हैं, तो इसका लाभ केवल व्यक्तियों को ही नहीं बल्कि पूरे समाज और राष्ट्र को भी मिलता है।

आर्थिक भागीदारी विकास, नवाचार और सामाजिक प्रगति को गति प्रदान कर सकती है।

**रोजगार के बदलते स्वरूप**

आज रोजगार के अवसर केवल पारंपरिक क्षेत्रों तक सीमित नहीं हैं। डिजिटल तकनीक, सेवा क्षेत्र, स्टार्टअप, रचनात्मक उद्योग और ऑनलाइन कार्य के नए अवसर लगातार विकसित हो रहे हैं।

इसलिए युवाओं के लिए यह महत्वपूर्ण है कि वे बदलती अर्थव्यवस्था और नई कौशल आवश्यकताओं को समझें।

**याद रखने योग्य बात**

रोजगार केवल नौकरी प्राप्त करने का विषय नहीं है। यह आत्मनिर्भरता, सम्मान, अवसर और आर्थिक सशक्तिकरण की दिशा में एक महत्वपूर्ण कदम है।

**कौशल विकास और रोजगार क्षमता**

आज के प्रतिस्पर्धी और तेजी से बदलते कार्यक्षेत्र में केवल शैक्षणिक योग्यता पर्याप्त नहीं मानी जाती। रोजगार प्राप्त करने और उसमें सफल होने के लिए विभिन्न प्रकार के कौशलों का विकास भी आवश्यक है।

इसी कारण "रोजगार क्षमता" (Employability) की अवधारणा महत्वपूर्ण हो गई है। रोजगार क्षमता का अर्थ है कि व्यक्ति के पास ऐसे ज्ञान, कौशल और व्यवहारिक क्षमताएँ हों जो उसे कार्यस्थल पर प्रभावी रूप से योगदान देने में सक्षम बनाएँ।

**कौशल क्यों महत्वपूर्ण हैं?**

कई बार समान शैक्षणिक योग्यता वाले दो व्यक्तियों के बीच अंतर उनके कौशलों के कारण दिखाई देता है।

कौशल व्यक्ति को:

- बेहतर अवसर प्राप्त करने में
- नई जिम्मेदारियाँ संभालने में
- समस्याओं का समाधान करने में
- बदलती परिस्थितियों के अनुसार स्वयं को अनुकूलित करने में

सहायता कर सकते हैं।

**तकनीकी कौशल (Technical Skills)**

तकनीकी कौशल किसी विशेष क्षेत्र या पेशे से संबंधित व्यावहारिक ज्ञान और दक्षता को दर्शाते हैं।

उदाहरण:

- कंप्यूटर संचालन
- डेटा विश्लेषण
- प्रोग्रामिंग
- मशीन संचालन
- डिज़ाइन और तकनीकी उपकरणों का उपयोग

इन कौशलों की आवश्यकता क्षेत्र और पेशे के अनुसार भिन्न हो सकती है।

**डिजिटल कौशल (Digital Skills)**

डिजिटल अर्थव्यवस्था के विस्तार के साथ डिजिटल कौशलों का महत्व लगातार बढ़ रहा है।

आज कई कार्यों में निम्न क्षमताएँ उपयोगी होती हैं:

- इंटरनेट का प्रभावी उपयोग
- ऑनलाइन संचार
- डिजिटल दस्तावेज़ प्रबंधन
- ऑनलाइन सहयोग उपकरणों का उपयोग

डिजिटल सुरक्षा की मूल समझ

**संवाद कौशल (Communication Skills)**

ज्ञान और कौशल महत्वपूर्ण हैं, लेकिन उन्हें प्रभावी रूप से प्रस्तुत करने की क्षमता भी उतनी ही महत्वपूर्ण है।

अच्छे संवाद कौशल व्यक्ति को:

- विचार स्पष्ट रूप से व्यक्त करने
- टीम में कार्य करने
- नेतृत्व विकसित करने

- पेशेवर संबंध बनाने

में सहायता करते हैं।

**समस्या-समाधान और आलोचनात्मक चिंतन**

नियोक्ता और संस्थाएँ ऐसे व्यक्तियों को महत्व देती हैं जो समस्याओं को समझ सकें, तथ्यों का विश्लेषण कर सकें और व्यावहारिक समाधान खोज सकें।

इसी कारण समस्या-समाधान और आलोचनात्मक चिंतन आधुनिक कार्यस्थलों की महत्वपूर्ण क्षमताएँ मानी जाती हैं।

**निरंतर सीखने की आवश्यकता**

आज के समय में सीखना केवल विद्यालय या विश्वविद्यालय तक सीमित नहीं है।

नई तकनीकों, उद्योगों और अवसरों के साथ स्वयं को अद्यतन रखना दीर्घकालिक सफलता के लिए महत्वपूर्ण है।

जो व्यक्ति सीखते रहते हैं, वे बदलती परिस्थितियों के अनुरूप स्वयं को अधिक प्रभावी ढंग से विकसित कर सकते हैं।

**एक महत्वपूर्ण तथ्य**

अनेक नियोक्ता केवल शैक्षणिक प्रमाणपत्रों को ही नहीं देखते, बल्कि यह भी देखते हैं कि उम्मीदवार समस्याओं को कैसे हल करता है, टीम में कैसे कार्य करता है और नई चीजें सीखने के प्रति कितना उत्सुक है।

**याद रखने योग्य बात**

डिग्री अवसरों के द्वार खोल सकती है, लेकिन कौशल उन अवसरों का प्रभावी उपयोग करने की क्षमता प्रदान करते हैं।

**उद्यमिता और स्वरोजगार**

आर्थिक सशक्तिकरण का अर्थ केवल नौकरी प्राप्त करना नहीं है। अनेक लोग स्वयं रोजगार के अवसर उत्पन्न करते हैं, व्यवसाय स्थापित करते हैं और अन्य लोगों के लिए भी रोजगार का सृजन करते हैं। इसी प्रक्रिया को व्यापक रूप से उद्यमिता (Entrepreneurship) कहा जाता है।

उद्यमिता का संबंध केवल बड़े उद्योगों या प्रसिद्ध कंपनियों से नहीं है। एक छोटा व्यवसाय, स्थानीय सेवा, ऑनलाइन उद्यम या नवाचार आधारित पहल भी उद्यमिता का उदाहरण हो सकती है।

**उद्यमिता क्या है?**

उद्यमिता किसी समस्या की पहचान कर उसका समाधान विकसित करने और उसके माध्यम से मूल्य निर्माण करने की प्रक्रिया है।

एक उद्यमी:

- अवसरों की पहचान करता है
- नए विचार विकसित करता है
- संसाधनों का प्रबंधन करता है
- जोखिमों का मूल्यांकन करता है
- ग्राहकों या समाज की आवश्यकताओं को पूरा करने का प्रयास करता है

**स्वरोजगार का महत्व**

स्वरोजगार (Self-Employment) अनेक लोगों के लिए आर्थिक आत्मनिर्भरता का महत्वपूर्ण माध्यम है।

उदाहरण के लिए:

- छोटे व्यवसाय
- स्वतंत्र पेशेवर सेवाएँ
- कृषि आधारित उद्यम
- हस्तशिल्प और स्थानीय उद्योग
- ऑनलाइन सेवाएँ
- परामर्श और प्रशिक्षण

स्वरोजगार व्यक्ति को अपनी क्षमताओं और रुचियों के आधार पर कार्य करने का अवसर प्रदान कर सकता है।

**नवाचार और अवसर**

कई सफल उद्यम एक सरल विचार से शुरू हुए थे।

उद्यमिता का अर्थ हमेशा कोई नया आविष्कार करना नहीं होता। कई बार किसी मौजूदा समस्या का बेहतर समाधान प्रदान करना भी एक महत्वपूर्ण अवसर बन सकता है।

**डिजिटल उद्यमिता**

तकनीक ने उद्यमिता के नए मार्ग खोले हैं।

आज लोग:

- ई-कॉमर्स
- डिजिटल सामग्री निर्माण
- ऑनलाइन शिक्षा
- डिजिटल मार्केटिंग
- सॉफ्टवेयर और तकनीकी सेवाएँ
- फ्रीलांस कार्य

जैसे क्षेत्रों में भी उद्यमिता के अवसर खोज सकते हैं।

**जोखिम और जिम्मेदारी**

उद्यमिता में अवसरों के साथ चुनौतियाँ भी होती हैं।

व्यवसाय शुरू करने से पहले योजना, बाजार की समझ, वित्तीय तैयारी और निरंतर सीखने की आवश्यकता होती है।

इसी कारण सफल उद्यमिता केवल विचारों पर नहीं, बल्कि अनुशासन, तैयारी और दृढ़ता पर भी आधारित होती है।

**उद्यमिता और सशक्तिकरण**

उद्यमिता व्यक्ति को केवल आय का स्रोत नहीं देती। यह नेतृत्व, समस्या-समाधान, निर्णय लेने और आत्मविश्वास विकसित करने का अवसर भी प्रदान कर सकती है।

इसी कारण उद्यमिता को आर्थिक सशक्तिकरण के महत्वपूर्ण माध्यमों में से एक माना जाता है।

**एक प्रेरक उदाहरण**

कल्पना कीजिए कि एक युवा अपने समुदाय की किसी समस्या को पहचानता है और उसके समाधान के लिए एक छोटी सेवा या व्यवसाय शुरू करता है। यदि वह लोगों की वास्तविक आवश्यकता को पूरा करता है, तो वह न केवल अपनी आय बढ़ा सकता है बल्कि दूसरों के लिए भी अवसर उत्पन्न कर सकता है।

**याद रखने योग्य बात**

उद्यमिता का मूल उद्देश्य केवल लाभ कमाना नहीं है। इसका उद्देश्य समस्याओं का समाधान करना, मूल्य निर्माण करना और अवसरों को वास्तविक उपलब्धियों में बदलना भी है।

वित्तीय जागरूकता और आर्थिक आत्मनिर्भरता

आर्थिक सशक्तिकरण केवल आय अर्जित करने तक सीमित नहीं है। यह इस बात से भी जुड़ा है कि व्यक्ति अपने वित्तीय संसाधनों का प्रबंधन किस

प्रकार करता है। इसी कारण वित्तीय जागरूकता (Financial Literacy) आधुनिक जीवन की एक महत्वपूर्ण आवश्यकता बन गई है।

**वित्तीय जागरूकता क्या है?**

वित्तीय जागरूकता का अर्थ है धन, बचत, व्यय, निवेश, ऋण और वित्तीय योजना से संबंधित मूलभूत अवधारणाओं को समझना।

यह व्यक्ति को अधिक सूचित और जिम्मेदार वित्तीय निर्णय लेने में सहायता कर सकती है।

**बजट बनाने का महत्व**

आय और व्यय का संतुलन बनाए रखना आर्थिक स्थिरता की दिशा में पहला कदम है।

एक सरल बजट व्यक्ति को यह समझने में सहायता कर सकता है:

- आय कहाँ से आ रही है
- धन कहाँ खर्च हो रहा है
- कितनी बचत संभव है
- किन खर्चों को प्राथमिकता दी जानी चाहिए
- बचत की आदत

नियमित बचत भविष्य की आवश्यकताओं और आकस्मिक परिस्थितियों के लिए तैयारी करने में सहायता कर सकती है।

बचत की आदत:

- वित्तीय सुरक्षा बढ़ाती है
- अनिश्चित परिस्थितियों में सहारा प्रदान कर सकती है
- दीर्घकालिक लक्ष्यों को प्राप्त करने में सहायता करती है
- जिम्मेदार वित्तीय निर्णय

किसी भी वित्तीय निर्णय को लेते समय सावधानी और जानकारी महत्वपूर्ण होती है।

उदाहरण के लिए:

- किसी दस्तावेज़ को पढ़े बिना हस्ताक्षर न करना

- वित्तीय शर्तों को समझना
- जोखिमों का मूल्यांकन करना
- विश्वसनीय स्रोतों से जानकारी प्राप्त करना
- ऋण और उधारी को समझना

ऋण कुछ परिस्थितियों में उपयोगी हो सकता है, लेकिन इसके साथ जिम्मेदारियाँ भी जुड़ी होती हैं।

इसलिए:

- उधारी की शर्तों को समझना
- पुनर्भुगतान क्षमता का आकलन करना
- अनावश्यक ऋण से बचना
- महत्वपूर्ण माना जाता है।
- दीर्घकालिक योजना

आर्थिक आत्मनिर्भरता अक्सर एक दिन में प्राप्त नहीं होती। यह छोटे-छोटे वित्तीय निर्णयों, अनुशासन और दीर्घकालिक योजना का परिणाम होती है।

शिक्षा, कौशल विकास, बचत और करियर योजना ये सभी आर्थिक सशक्तिकरण की व्यापक प्रक्रिया का हिस्सा हैं।

**वित्तीय धोखाधड़ी से सावधान रहें**

डिजिटल युग में वित्तीय अवसरों के साथ-साथ धोखाधड़ी के जोखिम भी मौजूद हैं।

इसलिए:

- व्यक्तिगत जानकारी साझा करने में सावधानी बरतें
- संदिग्ध प्रस्तावों से बचें
- आधिकारिक और विश्वसनीय स्रोतों का उपयोग करें
- किसी भी वित्तीय निर्णय से पहले जानकारी की पुष्टि करें

**याद रखने योग्य बात**

आर्थिक आत्मनिर्भरता केवल अधिक आय अर्जित करने से नहीं आती। यह समझदारीपूर्ण वित्तीय निर्णयों, जिम्मेदार योजना और निरंतर सीखने की प्रक्रिया

से विकसित होती है।

**युवाओं के लिए उपलब्ध अवसर**

आज का भारत युवाओं के लिए अनेक प्रकार के अवसर प्रदान करता है। शिक्षा, कौशल विकास, तकनीक, उद्यमिता और नवाचार के क्षेत्र में लगातार नए मार्ग खुल रहे हैं। इन अवसरों की जानकारी और उनका प्रभावी उपयोग युवाओं को अपने लक्ष्यों की दिशा में आगे बढ़ने में सहायता कर सकता है।

**कौशल विकास कार्यक्रम**

विभिन्न संस्थाएँ और प्रशिक्षण केंद्र युवाओं के लिए कौशल विकास कार्यक्रम संचालित करते हैं। इन कार्यक्रमों का उद्देश्य व्यावहारिक क्षमताओं का विकास करना और रोजगार क्षमता को मजबूत बनाना है।

कौशल विकास के क्षेत्र में तकनीकी, डिजिटल, संचार और उद्योग-विशिष्ट प्रशिक्षण विशेष रूप से महत्वपूर्ण हो सकते हैं।

**इंटर्नशिप और प्रशिक्षण**

इंटर्नशिप (Internship) विद्यार्थियों और युवाओं को वास्तविक कार्यस्थल का अनुभव प्राप्त करने का अवसर प्रदान करती है।

इंटर्नशिप के माध्यम से व्यक्ति:

- कार्य संस्कृति को समझ सकता है
- व्यावहारिक अनुभव प्राप्त कर सकता है
- पेशेवर नेटवर्क विकसित कर सकता है
- भविष्य के करियर विकल्पों को बेहतर ढंग से समझ सकता है

**अप्रेंटिसशिप (Apprenticeship)**

अप्रेंटिसशिप सीखने और काम करने का संयुक्त अवसर प्रदान करती है।

इस व्यवस्था में व्यक्ति किसी उद्योग, संस्था या संगठन के साथ कार्य करते हुए व्यावहारिक कौशल विकसित कर सकता है।

**उद्यमिता सहायता और नवाचार**

आज अनेक संस्थाएँ, इनक्यूबेशन केंद्र, विश्वविद्यालय और संगठन युवाओं को उद्यमिता और नवाचार से संबंधित सहायता प्रदान करते हैं।

इनके माध्यम से युवा:

- व्यवसायिक विचार विकसित कर सकते हैं

- मार्गदर्शन प्राप्त कर सकते हैं
- प्रशिक्षण कार्यक्रमों में भाग ले सकते हैं
- उद्यमिता से संबंधित संसाधनों तक पहुँच बना सकते हैं

**डिजिटल अर्थव्यवस्था के अवसर**

डिजिटल तकनीक ने नए प्रकार के करियर और व्यवसायों को जन्म दिया है। उदाहरण के लिए:

- डिजिटल सेवाएँ
- ऑनलाइन शिक्षा
- सामग्री निर्माण (Content Creation)
- फ्रीलांस कार्य
- ई-कॉमर्स
- तकनीकी सेवाएँ

इन क्षेत्रों में निरंतर नए अवसर विकसित हो रहे हैं।

**मार्गदर्शन और नेटवर्किंग**

कई बार सही मार्गदर्शन अवसरों की पहचान करने में महत्वपूर्ण भूमिका निभाता है।

शिक्षकों, मार्गदर्शकों, पेशेवरों और अनुभवी व्यक्तियों से सीखना युवाओं को बेहतर निर्णय लेने में सहायता कर सकता है।

सकारात्मक नेटवर्क और पेशेवर संबंध भी भविष्य के अवसरों के द्वार खोल सकते हैं।

**अवसरों का उपयोग कैसे करें?**

- नई जानकारी प्राप्त करते रहें।
- कौशल विकास में निवेश करें।
- अवसरों के लिए समय पर आवेदन करें।
- अनुभव प्राप्त करने के लिए छोटे अवसरों को भी महत्व दें।
- निरंतर सीखने की आदत विकसित करें।

**याद रखने योग्य बात**

अवसर अक्सर उन्हीं लोगों को दिखाई देते हैं जो सीखने, प्रयास करने और स्वयं को विकसित करने के लिए तैयार रहते हैं। जागरूकता, तैयारी और निरंतर प्रयास सफलता की दिशा में महत्वपूर्ण भूमिका निभाते हैं।

**आर्थिक सशक्तिकरण की दिशा में व्यावहारिक कदम**

आर्थिक सशक्तिकरण एक निरंतर प्रक्रिया है। यह केवल रोजगार प्राप्त करने या व्यवसाय शुरू करने तक सीमित नहीं है, बल्कि ज्ञान, कौशल, अनुशासन और दीर्घकालिक दृष्टि के विकास से भी जुड़ा हुआ है।

प्रत्येक व्यक्ति की परिस्थितियाँ अलग हो सकती हैं, लेकिन कुछ सामान्य कदम ऐसे हैं जो आर्थिक आत्मनिर्भरता की दिशा में सहायता कर सकते हैं।

**1. शिक्षा को प्राथमिकता दें**

शिक्षा अवसरों का आधार है। विद्यालयी शिक्षा, उच्च शिक्षा, व्यावसायिक प्रशिक्षण या डिजिटल शिक्षा किसी भी रूप में सीखना भविष्य के लिए महत्वपूर्ण निवेश है।

**2. कौशल विकसित करें**

आज के समय में केवल डिग्री पर्याप्त नहीं है। तकनीकी, डिजिटल, संवाद और समस्या-समाधान जैसे कौशल रोजगार और उद्यमिता दोनों में महत्वपूर्ण भूमिका निभाते हैं।

**3. अवसरों की खोज करें**

छात्रवृत्तियाँ, प्रशिक्षण कार्यक्रम, इंटर्नशिप, प्रतियोगी परीक्षाएँ, उद्यमिता सहायता और अन्य अवसरों की जानकारी प्राप्त करते रहें।

अवसर अक्सर उन लोगों को मिलते हैं जो सक्रिय रूप से उनकी खोज करते हैं।

**4. सकारात्मक नेटवर्क बनाएँ**

शिक्षकों, मार्गदर्शकों, पेशेवरों और समान रुचि वाले लोगों के साथ संवाद भविष्य के अवसरों को पहचानने में सहायता कर सकता है।

**5. वित्तीय अनुशासन अपनाएँ**

आय, व्यय और बचत के प्रति जिम्मेदार दृष्टिकोण दीर्घकालिक आर्थिक स्थिरता का आधार बन सकता है।

छोटे-छोटे वित्तीय निर्णय समय के साथ बड़ा प्रभाव डाल सकते हैं।

**6. निरंतर सीखते रहें**

दुनिया लगातार बदल रही है। नई तकनीकों, उद्योगों और अवसरों के साथ स्वयं को अद्यतन रखना महत्वपूर्ण है।

सीखना एक आजीवन प्रक्रिया है।

**7. समाज को वापस दें**

सच्चा सशक्तिकरण केवल व्यक्तिगत सफलता तक सीमित नहीं होता। जब व्यक्ति अपने ज्ञान, अनुभव और संसाधनों का उपयोग दूसरों की सहायता के लिए करता है, तब उसका प्रभाव और व्यापक हो जाता है।

**एक प्रेरक विचार**

आर्थिक सशक्तिकरण का अर्थ केवल अधिक कमाई करना नहीं है। इसका अर्थ है अपने जीवन के निर्णय स्वयं लेने की क्षमता विकसित करना, अवसरों का प्रभावी उपयोग करना और अपने तथा अपने समुदाय के बेहतर भविष्य के निर्माण में योगदान देना।

**याद रखने योग्य बात**

छोटे, निरंतर और सोच-समझकर उठाए गए कदम समय के साथ बड़े परिवर्तन ला सकते हैं। आर्थिक आत्मनिर्भरता अक्सर एक यात्रा होती है, कोई एकल घटना नहीं।

**इस अध्याय से मुख्य बातें**

- रोजगार आर्थिक सशक्तिकरण का महत्वपूर्ण आधार है।
- अनुच्छेद 16 सार्वजनिक रोजगार में अवसरों की समानता के सिद्धांत को महत्व देता है।
- कौशल विकास रोजगार क्षमता और व्यावसायिक प्रगति को मजबूत करता है।
- उद्यमिता और स्वरोजगार आर्थिक आत्मनिर्भरता के प्रभावी माध्यम हो सकते हैं।
- वित्तीय जागरूकता जिम्मेदार आर्थिक निर्णय लेने में सहायता करती है।
- युवाओं के लिए शिक्षा, प्रशिक्षण, इंटर्नशिप और उद्यमिता के अनेक अवसर उपलब्ध हैं।
- निरंतर सीखना और स्वयं को विकसित करना दीर्घकालिक सफलता के लिए आवश्यक है।
- आर्थिक सशक्तिकरण व्यक्ति और समाज दोनों के विकास में योगदान देता है।

**चिंतन के प्रश्न**

1. रोजगार और आर्थिक सशक्तिकरण के बीच क्या संबंध है?

2. कौशल विकास आधुनिक कार्यक्षेत्र में क्यों महत्वपूर्ण है?
3. उद्यमिता आर्थिक आत्मनिर्भरता में किस प्रकार योगदान दे सकती है?
4. वित्तीय जागरूकता के कौन-से पहलू आपको सबसे महत्वपूर्ण लगते हैं?
5. आर्थिक सशक्तिकरण की दिशा में आप कौन-से व्यावहारिक कदम उठा सकते हैं?

### संदर्भ


- भारत का संविधान
- अनुच्छेद 16
- कौशल विकास और उद्यमिता से संबंधित सरकारी प्रकाशन
- विश्वविद्यालयों और प्रशिक्षण संस्थानों के सार्वजनिक संसाधन
- वित्तीय साक्षरता और आर्थिक जागरूकता से संबंधित शैक्षिक सामग्री

# 12

# प्रेरणादायक व्यक्तित्व और सफलता की कहानियाँ

**प्रेरणा क्यों महत्वपूर्ण है?**

अधिकार, अवसर, शिक्षा और संवैधानिक संरक्षण तभी सार्थक बनते हैं जब व्यक्ति उनका उपयोग अपने जीवन को बेहतर बनाने और समाज में सकारात्मक योगदान देने के लिए करे।

इस पुस्तक के पिछले अध्यायों में हमने संविधान, अधिकारों, शिक्षा, रोजगार, उद्यमिता और सशक्तिकरण से जुड़े विभिन्न पहलुओं को समझा। लेकिन इतिहास और वर्तमान हमें यह भी दिखाते हैं कि केवल अवसरों का अस्तित्व पर्याप्त नहीं होता; उनका प्रभावी उपयोग भी उतना ही महत्वपूर्ण है।

अनेक व्यक्तित्वों ने कठिन परिस्थितियों का सामना करते हुए शिक्षा, परिश्रम, नेतृत्व और दृढ़ संकल्प के माध्यम से अपने जीवन और समाज दोनों में परिवर्तन लाया। उनकी कहानियाँ केवल ऐतिहासिक घटनाएँ नहीं हैं, बल्कि सीख, प्रेरणा और आत्मविकास के महत्वपूर्ण स्रोत हैं।

इस अध्याय का उद्देश्य व्यक्तियों का महिमामंडन करना नहीं है, बल्कि यह समझना है कि उनके जीवन से हम कौन-सी व्यावहारिक सीख प्राप्त कर सकते हैं।

**इस अध्याय में क्या सीखेंगे?**

इस अध्याय में हम कुछ प्रेरणादायक व्यक्तित्वों और उनकी उपलब्धियों को संक्षेप में समझेंगे तथा यह जानेंगे कि:

- शिक्षा परिवर्तन का माध्यम कैसे बन सकती है।
- नेतृत्व का वास्तविक अर्थ क्या है।
- कठिन परिस्थितियों में भी आगे बढ़ना क्यों महत्वपूर्ण है।
- अवसरों का उपयोग व्यक्तिगत और सामाजिक विकास में कैसे योगदान देता है।
- सफलता की कहानियों से हम कौन-सी व्यावहारिक सीख प्राप्त कर सकते हैं।

इस अध्याय का उद्देश्य पाठकों को प्रेरित करना है ताकि वे अपने जीवन में उपलब्ध अवसरों का अधिक प्रभावी उपयोग कर सकें।

**सावित्रीबाई फुले: शिक्षा के माध्यम से परिवर्तन**

सावित्रीबाई फुले को भारत की अग्रणी शिक्षाविदों और समाज सुधारकों में गिना जाता है। उन्होंने ऐसे समय में शिक्षा के महत्व को समझा और बढ़ावा दिया जब समाज के अनेक वर्गों, विशेषकर महिलाओं, के लिए शिक्षा तक पहुँच सीमित थी।

उनका कार्य इस विचार को मजबूत करता है कि शिक्षा केवल व्यक्तिगत उन्नति का साधन नहीं है, बल्कि सामाजिक परिवर्तन की शक्ति भी बन सकती है। उन्होंने चुनौतियों और विरोध के बावजूद अपने उद्देश्य को नहीं छोड़ा और शिक्षा को अधिक लोगों तक पहुँचाने के लिए निरंतर प्रयास किए।

सावित्रीबाई फुले का योगदान हमें यह समझने में सहायता करता है कि अवसरों का विस्तार केवल व्यक्तियों को नहीं, बल्कि पूरे समाज को मजबूत बनाता है।

**हम क्या सीख सकते हैं?**

- शिक्षा समाज में सकारात्मक परिवर्तन ला सकती है।
- कठिन परिस्थितियों में भी अपने उद्देश्य पर दृढ़ रहना महत्वपूर्ण है।
- अवसरों का विस्तार अधिक लोगों को आगे बढ़ने में सहायता करता है।
- नेतृत्व केवल पद प्राप्त करना नहीं, बल्कि परिवर्तन की दिशा में कार्य करना भी है।
- सामाजिक प्रगति के लिए शिक्षा एक महत्वपूर्ण आधार है।

**याद रखने योग्य बात**

सावित्रीबाई फुले का जीवन इस बात का उदाहरण है कि ज्ञान, साहस और निरंतर प्रयास समाज में दीर्घकालिक परिवर्तन ला सकते हैं।

**बिरसा मुंडाः नेतृत्व और सामुदायिक चेतना**

बिरसा मुंडा भारतीय इतिहास के उन प्रेरणादायक व्यक्तित्वों में से हैं जिन्होंने नेतृत्व, आत्मसम्मान और सामुदायिक जागरूकता का सशक्त उदाहरण प्रस्तुत किया। वे केवल एक ऐतिहासिक व्यक्तित्व नहीं थे, बल्कि अपने समुदाय की चिंताओं, आकांक्षाओं और अधिकारों के प्रति जागरूक नेतृत्व के प्रतीक भी थे।

उनके जीवन से यह स्पष्ट होता है कि नेतृत्व केवल अधिकार प्राप्त करने का नाम नहीं है। सच्चा नेतृत्व लोगों की समस्याओं को समझने, उन्हें संगठित करने और सकारात्मक दिशा प्रदान करने की क्षमता से विकसित होता है।

बिरसा मुंडा ने सामुदायिक पहचान, सम्मान और जागरूकता के महत्व को रेखांकित किया। उनका जीवन यह दर्शाता है कि जब लोग अपने इतिहास, संस्कृति और सामुदायिक हितों के प्रति जागरूक होते हैं, तब वे अधिक आत्मविश्वास और उद्देश्य के साथ आगे बढ़ सकते हैं।

**हम क्या सीख सकते हैं?**

- नेतृत्व जिम्मेदारी और सेवा की भावना से जुड़ा होता है।
- समुदाय की समस्याओं को समझना प्रभावी नेतृत्व का आधार है।
- आत्मसम्मान और गरिमा व्यक्ति तथा समाज दोनों के लिए महत्वपूर्ण हैं।
- जागरूकता और संगठन सकारात्मक परिवर्तन की दिशा में योगदान दे सकते हैं।
- चुनौतियों का सामना करते हुए भी अपने मूल्यों पर दृढ़ रहना आवश्यक है।

**एक महत्वपूर्ण विचार**

नेतृत्व का अर्थ केवल लोगों का मार्गदर्शन करना नहीं है; इसका अर्थ यह भी है कि व्यक्ति अपने समुदाय और समाज के हितों के प्रति संवेदनशील और उत्तरदायी रहे।

**याद रखने योग्य बात**

बिरसा मुंडा का जीवन हमें सिखाता है कि जागरूकता, आत्मसम्मान और जिम्मेदार नेतृत्व समाज में सकारात्मक परिवर्तन की महत्वपूर्ण शक्तियाँ बन सकते हैं।

### छत्रपति शाहू महाराज: अवसर और समावेशन

छत्रपति शाहू महाराज को ऐसे दूरदर्शी नेतृत्व के लिए याद किया जाता है जिसने शिक्षा, सामाजिक प्रगति और अवसरों के विस्तार को महत्वपूर्ण महत्व दिया। उनका मानना था कि समाज का विकास तभी संभव है जब अधिक से अधिक लोगों को आगे बढ़ने के अवसर प्राप्त हों।

उन्होंने शिक्षा को सामाजिक परिवर्तन और प्रगति का आधार माना। उनका दृष्टिकोण यह था कि प्रतिभा और क्षमता समाज के सभी वर्गों में मौजूद होती है, लेकिन अवसरों तक पहुँच हमेशा समान नहीं होती। इसलिए उन्होंने ऐसी व्यवस्थाओं और पहलों को प्रोत्साहित किया जो अधिक लोगों को शिक्षा और विकास के अवसर प्रदान कर सकें।

उनका जीवन हमें यह समझने में सहायता करता है कि समावेशी विकास केवल किसी एक समूह के हित में नहीं होता, बल्कि पूरे समाज को मजबूत बनाता है।

**हम क्या सीख सकते हैं?**

- शिक्षा और अवसर सामाजिक प्रगति के महत्वपूर्ण साधन हैं।
- समावेशी विकास समाज को अधिक मजबूत और स्थिर बनाता है।
- नेतृत्व का उद्देश्य अधिक लोगों को आगे बढ़ने के अवसर प्रदान करना भी है।
- प्रतिभा को पहचानने और विकसित करने के लिए अवसर आवश्यक हैं।
- दीर्घकालिक सामाजिक प्रगति के लिए शिक्षा में निवेश महत्वपूर्ण है।

**एक महत्वपूर्ण विचार**

किसी समाज की वास्तविक प्रगति का आकलन केवल उसकी आर्थिक उपलब्धियों से नहीं, बल्कि इस बात से भी किया जा सकता है कि वह अपने नागरिकों को कितने अवसर उपलब्ध कराता है।

**याद रखने योग्य बात**

छत्रपति शाहू महाराज का जीवन हमें सिखाता है कि अवसरों का विस्तार, शिक्षा का प्रसार और समावेशी दृष्टिकोण समाज को अधिक सशक्त बना सकते हैं।

**सफलता की कहानियों में क्या समान है?**

इस अध्याय में हमने विभिन्न क्षेत्रों और समय अवधियों के कुछ प्रेरणादायक व्यक्तित्वों को देखा। उनकी परिस्थितियाँ, चुनौतियाँ और कार्यक्षेत्र अलग-अलग

थे, लेकिन उनके जीवन में कुछ महत्वपूर्ण समानताएँ दिखाई देती हैं।

इन समानताओं को समझना इसलिए महत्वपूर्ण है क्योंकि यही वे सिद्धांत हैं जो आज भी किसी भी व्यक्ति के व्यक्तिगत और सामाजिक विकास में सहायता कर सकते हैं।

**1. शिक्षा का महत्व**

डॉ. आंबेडकर, सावित्रीबाई फुले और अन्य अनेक व्यक्तित्वों के जीवन में शिक्षा ने महत्वपूर्ण भूमिका निभाई।

शिक्षा ने उन्हें केवल ज्ञान ही नहीं दिया, बल्कि व्यापक दृष्टिकोण, आत्मविश्वास और नेतृत्व की क्षमता भी प्रदान की।

**2. निरंतर प्रयास**

इनमें से किसी भी व्यक्ति की सफलता एक दिन में प्राप्त नहीं हुई।

चुनौतियाँ, बाधाएँ और कठिन परिस्थितियाँ उनके जीवन का हिस्सा थीं, लेकिन उन्होंने प्रयास करना नहीं छोड़ा।

**3. आत्मविश्वास और दृढ़ संकल्प**

परिस्थितियाँ चाहे कितनी भी कठिन क्यों न हों, अपने लक्ष्य पर विश्वास बनाए रखना सफलता की महत्वपूर्ण शर्तों में से एक है।

इन व्यक्तित्वों ने आत्मविश्वास और दृढ़ संकल्प का उदाहरण प्रस्तुत किया।

**4. नेतृत्व और जिम्मेदारी**

नेतृत्व केवल पद या अधिकार का विषय नहीं है।

सच्चा नेतृत्व दूसरों के लिए सकारात्मक योगदान देने, समस्याओं का समाधान खोजने और समाज के हितों के प्रति जिम्मेदार रहने से विकसित होता है।

**5. अवसरों का उपयोग**

अवसर सभी के सामने समान रूप से दिखाई नहीं देते, लेकिन जो लोग सीखने, प्रयास करने और आगे बढ़ने के लिए तैयार रहते हैं, वे उपलब्ध अवसरों का बेहतर उपयोग कर पाते हैं।

**6. समाज के प्रति योगदान**

इन सभी व्यक्तित्वों के जीवन में एक बात स्पष्ट दिखाई देती है उन्होंने केवल अपने लिए नहीं, बल्कि समाज के व्यापक हित के लिए भी कार्य किया।

यही दृष्टिकोण व्यक्तिगत सफलता को सामाजिक प्रभाव में परिवर्तित करता है।

**एक महत्वपूर्ण विचार**

प्रेरणा का वास्तविक उद्देश्य किसी व्यक्ति की नकल करना नहीं है। इसका उद्देश्य उन मूल्यों, आदतों और दृष्टिकोणों को समझना है जो सफलता और सकारात्मक परिवर्तन में योगदान देते हैं।

**याद रखने योग्य बात**

शिक्षा, निरंतर प्रयास, आत्मविश्वास, नेतृत्व और समाज के प्रति जिम्मेदारी ये ऐसे सिद्धांत हैं जो समय, स्थान और परिस्थितियों से परे प्रासंगिक बने रहते हैं।

**इस अध्याय से मुख्य बातें**

- प्रेरणा और अवसर साथ-साथ चलते हैं।
- शिक्षा व्यक्तिगत और सामाजिक सशक्तिकरण का महत्वपूर्ण साधन है।
- नेतृत्व का संबंध जिम्मेदारी और सकारात्मक योगदान से है।
- कठिन परिस्थितियाँ सफलता की राह में स्थायी बाधा नहीं होतीं।
- उद्यमिता, नवाचार और आत्मनिर्भरता आर्थिक सशक्तिकरण में योगदान दे सकते हैं।
- अवसरों का प्रभावी उपयोग व्यक्तिगत विकास को गति देता है।
- समाज के प्रति जिम्मेदारी सफलता को व्यापक प्रभाव में बदल सकती है।
- प्रेरणादायक व्यक्तित्वों से सीख लेकर प्रत्येक व्यक्ति अपने जीवन में सकारात्मक परिवर्तन ला सकता है।

**चिंतन के प्रश्न**

1. इस अध्याय में वर्णित व्यक्तित्वों में आपको कौन-सी समानता सबसे महत्वपूर्ण लगी?
2. शिक्षा ने इन व्यक्तित्वों के जीवन में क्या भूमिका निभाई?
3. नेतृत्व और जिम्मेदारी के बीच क्या संबंध है?
4. अवसरों का प्रभावी उपयोग व्यक्तिगत विकास में कैसे सहायता करता है?
5. इस अध्याय से मिली कौन-सी सीख आप अपने जीवन में लागू करना चाहेंगे?

**संदर्भ**

- डॉ. बी. आर. आंबेडकर के सार्वजनिक लेखन और भाषण

- सावित्रीबाई फुले से संबंधित ऐतिहासिक स्रोत
- बिरसा मुंडा पर उपलब्ध ऐतिहासिक अध्ययन
- छत्रपति शाहू महाराज पर उपलब्ध सार्वजनिक स्रोत
- कल्पना सरोज के सार्वजनिक साक्षात्कार और जीवनी संबंधी स्रोत

# 13

# सामान्य प्रश्न, भ्रांतियाँ और वास्तविकताएँ

**सही जानकारी का महत्व**

संविधान, अधिकारों, आरक्षण, छात्रवृत्तियों और संवैधानिक संरक्षणों से जुड़े विषयों पर अक्सर अनेक प्रकार की धारणाएँ, प्रश्न और भ्रांतियाँ देखने को मिलती हैं। कई बार लोग अपूर्ण जानकारी, सुनी-सुनाई बातों या सोशल मीडिया पर प्रसारित सामग्री के आधार पर निष्कर्ष बना लेते हैं।

ऐसी परिस्थितियों में गलतफहमियाँ उत्पन्न हो सकती हैं, जो विषयों की सही समझ में बाधा बनती हैं। इसलिए किसी भी संवैधानिक, सामाजिक या शैक्षिक विषय को समझते समय तथ्यात्मक और विश्वसनीय जानकारी का उपयोग करना महत्वपूर्ण है।

इस पुस्तक का उद्‌देश्य किसी विवाद में पक्ष लेना नहीं है, बल्कि पाठकों को संतुलित, तथ्य-आधारित और जागरूक दृष्टिकोण विकसित करने में सहायता करना है।

**इस अध्याय में क्या सीखेंगे?**

इस अध्याय में हम कुछ सामान्य प्रश्नों, प्रचलित मिथकों और उनसे संबंधित वास्तविकताओं को समझेंगे:

- आरक्षण से जुड़ी सामान्य भ्रांतियाँ
- SC, ST और OBC से संबंधित गलतफहमियाँ
- छात्रवृत्तियों और अवसरों के बारे में मिथक

- आयोगों और संस्थाओं की भूमिका को लेकर भ्रम
- अधिकारों और जिम्मेदारियों से जुड़ी धारणाएँ
- तथ्यों की पुष्टि का महत्व

इस अध्याय का उद्देश्य पाठकों को यह समझने में सहायता करना है कि किसी भी विषय पर निष्कर्ष निकालने से पहले विश्वसनीय स्रोतों और तथ्यों की जाँच क्यों आवश्यक है।

**भ्रांति 1: "संविधान केवल वकीलों और न्यायालयों के लिए है"**

**भ्रांति**

कुछ लोग मानते हैं कि संविधान केवल न्यायालयों, वकीलों, विधि विशेषज्ञों या सरकारी अधिकारियों के लिए महत्वपूर्ण है और इसका सामान्य नागरिक के जीवन से बहुत कम संबंध है।

**वास्तविकता**

वास्तव में संविधान का प्रभाव प्रत्येक नागरिक के दैनिक जीवन पर पड़ता है। समानता, स्वतंत्रता, शिक्षा, गरिमा, अवसर और संवैधानिक संरक्षण जैसे अनेक विषय सीधे नागरिकों से जुड़े हुए हैं।

जब किसी विद्यार्थी को शिक्षा का अवसर मिलता है, जब किसी नागरिक को कानून के समक्ष समानता प्राप्त होती है, या जब किसी व्यक्ति को अपने विचार व्यक्त करने की स्वतंत्रता मिलती है, तब संविधान की भूमिका प्रत्यक्ष रूप से दिखाई देती है।

**यह क्यों महत्वपूर्ण है?**

यदि नागरिक संविधान और अपने अधिकारों के बारे में जागरूक नहीं होंगे, तो उपलब्ध अवसरों, संरक्षणों और संस्थागत व्यवस्थाओं का प्रभावी उपयोग करना कठिन हो सकता है।

इसी कारण संवैधानिक जागरूकता केवल विशेषज्ञों के लिए नहीं, बल्कि प्रत्येक नागरिक के लिए महत्वपूर्ण है।

**याद रखने योग्य बात**

संविधान केवल न्यायालयों की पुस्तक नहीं है; यह नागरिकों के अधिकारों, अवसरों और लोकतांत्रिक जीवन का आधार भी है।

**भ्रांति 2: "आरक्षण केवल आर्थिक आधार पर दिया जाता है"**

**भ्रांति**

कुछ लोग मानते हैं कि आरक्षण का आधार केवल आर्थिक स्थिति है और यह केवल आय या वित्तीय परिस्थितियों को ध्यान में रखकर प्रदान किया जाता है।

वास्तविकता

भारतीय संविधान में आरक्षण की व्यवस्था मुख्य रूप से सामाजिक और शैक्षिक रूप से वंचित या ऐतिहासिक रूप से कम प्रतिनिधित्व प्राप्त समूहों के संदर्भ में विकसित हुई है।

विभिन्न संवैधानिक प्रावधानों और नीतियों का उद्देश्य उन समुदायों को अवसरों तक बेहतर पहुँच प्रदान करना है जिन्हें लंबे समय तक विभिन्न प्रकार की बाधाओं का सामना करना पड़ा।

यह विषय संवैधानिक प्रावधानों, न्यायिक व्याख्याओं और सार्वजनिक नीतियों से जुड़ा है, इसलिए इसकी समझ केवल एक कारक तक सीमित नहीं की जा सकती।

**यह क्यों महत्वपूर्ण है?**

यदि आरक्षण की अवधारणा को केवल एक ही दृष्टिकोण से देखा जाए, तो उसके संवैधानिक और ऐतिहासिक संदर्भ को समझना कठिन हो सकता है।

इस विषय को समझते समय संविधान, न्यायालयों और आधिकारिक नीतिगत दस्तावेज़ों जैसे विश्वसनीय स्रोतों का अध्ययन करना महत्वपूर्ण है।

**याद रखने योग्य बात**

आरक्षण एक संवैधानिक और नीतिगत विषय है जिसकी पृष्ठभूमि बहुआयामी है। इसकी सही समझ के लिए तथ्यात्मक और आधिकारिक जानकारी पर आधारित दृष्टिकोण आवश्यक है।

**भ्रांति 3: "आरक्षण एक स्थायी व्यवस्था है"**

**भ्रांति**

कुछ लोग मानते हैं कि आरक्षण एक ऐसी व्यवस्था है जो बिना किसी समीक्षा या परिवर्तन के स्थायी रूप से लागू रहती है।

वास्तविकता

भारतीय लोकतंत्र और संवैधानिक व्यवस्था समय-समय पर विभिन्न नीतियों, प्रावधानों और व्यवस्थाओं की समीक्षा करने की क्षमता रखते हैं। आरक्षण से संबंधित विषय भी सार्वजनिक नीति, संवैधानिक प्रावधानों, न्यायिक निर्णयों और विधायी प्रक्रियाओं से जुड़े हुए हैं।

संविधान एक जीवंत दस्तावेज़ है, और समय के साथ समाज की आवश्यकताओं, उपलब्ध आँकड़ों तथा सार्वजनिक विमर्श के आधार पर विभिन्न

विषयों पर चर्चा और समीक्षा होती रहती है।

**यह क्यों महत्वपूर्ण है?**

किसी भी सार्वजनिक नीति को समझने के लिए उसके संवैधानिक आधार, उद्देश्य और व्यावहारिक प्रभावों को समझना आवश्यक है।

यदि किसी विषय को केवल नारे, अफवाह या अधूरी जानकारी के आधार पर देखा जाए, तो उसकी वास्तविक प्रकृति को समझना कठिन हो सकता है।

**एक महत्वपूर्ण बात**

लोकतांत्रिक समाज में विभिन्न नीतियों पर विचार-विमर्श होना स्वाभाविक है। ऐसे विषयों पर संतुलित दृष्टिकोण विकसित करने के लिए आधिकारिक स्रोतों और तथ्यात्मक जानकारी का उपयोग करना महत्वपूर्ण है।

**याद रखने योग्य बात**

आरक्षण सहित अनेक सार्वजनिक नीतियाँ संवैधानिक, विधायी और लोकतांत्रिक प्रक्रियाओं के व्यापक ढाँचे का हिस्सा होती हैं। उनकी समझ तथ्यों और आधिकारिक जानकारी पर आधारित होनी चाहिए।

**भ्रांति 4: "सभी लोगों को स्वतः छात्रवृत्ति मिल जाती है"**

**भ्रांति**

कुछ लोग मानते हैं कि यदि कोई छात्र किसी विशेष श्रेणी से संबंधित है या किसी योजना के बारे में जानता है, तो उसे छात्रवृत्ति स्वतः प्राप्त हो जाएगी।

**वास्तविकता**

अधिकांश छात्रवृत्तियों के लिए निर्धारित पात्रता शर्तें, आवेदन प्रक्रिया, आवश्यक दस्तावेज़ और समय-सीमाएँ होती हैं।

कई छात्रवृत्तियों में विद्यार्थियों को:

- आवेदन करना होता है
- पात्रता सिद्ध करनी होती है
- आवश्यक दस्तावेज़ जमा करने होते हैं
- निर्धारित समय-सीमा का पालन करना होता है

छात्रवृत्ति प्राप्त होना संबंधित योजना के नियमों और प्रक्रिया पर निर्भर करता है।

**यह क्यों महत्वपूर्ण है?**

अनेक विद्यार्थी केवल इस कारण अवसरों से वंचित रह जाते हैं क्योंकि वे समय पर आवेदन नहीं करते, पात्रता शर्तों को नहीं पढ़ते या आवश्यक दस्तावेज़ जमा नहीं कर पाते।

इसलिए केवल जानकारी होना पर्याप्त नहीं है; सही प्रक्रिया का पालन करना भी आवश्यक है।

**एक छोटा उदाहरण**

यदि कोई छात्र किसी छात्रवृत्ति के लिए पात्र है, लेकिन अंतिम तिथि के बाद आवेदन करता है या आवश्यक दस्तावेज़ संलग्न नहीं करता, तो उसका आवेदन स्वीकार नहीं किया जा सकता।

**याद रखने योग्य बात**

छात्रवृत्ति अवसर प्रदान करती है, लेकिन उसका लाभ प्राप्त करने के लिए पात्रता, आवेदन प्रक्रिया और समय-सीमा का ध्यान रखना आवश्यक है।

**भ्रांति 5: "केवल अच्छे अंक लाने वाले विद्यार्थियों को ही छात्रवृत्ति मिल सकती है"**

**भ्रांति**

कुछ लोग मानते हैं कि छात्रवृत्तियाँ केवल उन विद्यार्थियों के लिए होती हैं जो अत्यंत उच्च अंक प्राप्त करते हैं।

**वास्तविकता**

यद्यपि अनेक छात्रवृत्तियाँ शैक्षणिक उपलब्धियों (Merit) के आधार पर प्रदान की जाती हैं, लेकिन सभी छात्रवृत्तियों के मानदंड समान नहीं होते।

विभिन्न प्रकार की छात्रवृत्तियाँ उपलब्ध हो सकती हैं, जैसे:

- योग्यता आधारित छात्रवृत्तियाँ
- आर्थिक आवश्यकता आधारित छात्रवृत्तियाँ
- श्रेणी आधारित छात्रवृत्तियाँ
- संस्थागत छात्रवृत्तियाँ
- विशेष प्रतिभा या उपलब्धि आधारित छात्रवृत्तियाँ

इसलिए केवल अंकों के आधार पर यह मान लेना उचित नहीं है कि कौन छात्रवृत्ति प्राप्त कर सकता है और कौन नहीं।

**यह क्यों महत्वपूर्ण है?**

कई योग्य विद्यार्थी केवल इस गलतफहमी के कारण आवेदन ही नहीं करते क्योंकि उन्हें लगता है कि उनके अंक पर्याप्त नहीं हैं।

वास्तव में विभिन्न योजनाओं की पात्रता शर्तें अलग-अलग हो सकती हैं।

**एक महत्वपूर्ण सुझाव**

किसी भी छात्रवृत्ति के लिए आवेदन करने से पहले उसकी आधिकारिक पात्रता शर्तों को ध्यानपूर्वक पढ़ना चाहिए। अनुमान लगाने के बजाय तथ्यात्मक जानकारी पर भरोसा करना अधिक उचित है।

**याद रखने योग्य बात**

सभी छात्रवृत्तियाँ केवल अंकों पर आधारित नहीं होतीं। विभिन्न छात्रवृत्तियों के उद्देश्य और पात्रता मानदंड अलग-अलग हो सकते हैं।

**भ्रांति 6: "राष्ट्रीय आयोग न्यायालय की तरह निर्णय देते हैं"**

**भ्रांति**

कुछ लोग मानते हैं कि राष्ट्रीय आयोग और न्यायालय एक ही प्रकार की संस्थाएँ हैं तथा दोनों की शक्तियाँ और कार्य समान होते हैं।

**वास्तविकता**

राष्ट्रीय आयोग और न्यायालय भारतीय लोकतांत्रिक व्यवस्था की अलग-अलग संस्थाएँ हैं और उनकी भूमिकाएँ भी अलग होती हैं।

राष्ट्रीय आयोग सामान्यतः:

- शिकायतों पर ध्यान देते हैं
- जाँच और अध्ययन कर सकते हैं
- संबंधित अधिकारियों से जानकारी प्राप्त कर सकते हैं
- रिपोर्ट और सिफारिशें प्रस्तुत कर सकते हैं
- संवैधानिक संरक्षणों के क्रियान्वयन की निगरानी कर सकते हैं

दूसरी ओर, न्यायालय:

- कानूनी विवादों की सुनवाई करते हैं
- कानून की व्याख्या करते हैं
- निर्णय और आदेश जारी कर सकते हैं
- कानूनी राहत प्रदान कर सकते हैं

**यह क्यों महत्वपूर्ण है?**

यदि नागरिक आयोग और न्यायालय की भूमिकाओं के बीच अंतर नहीं समझते, तो वे किसी समस्या के समाधान के लिए उचित संस्था की पहचान करने में कठिनाई अनुभव कर सकते हैं।

इसलिए यह समझना आवश्यक है कि विभिन्न संस्थाओं की भूमिकाएँ अलग-अलग लेकिन परस्पर पूरक होती हैं।

**एक सरल तुलना**

- राष्ट्रीय आयोग न्यायालय
- जाँच और निगरानी न्यायिक निर्णय
- सिफारिशें आदेश और निर्णय
- अध्ययन और रिपोर्ट कानूनी सुनवाई
- संरक्षणों की समीक्षा कानूनी विवादों का निपटारा

**याद रखने योग्य बात**

राष्ट्रीय आयोग और न्यायालय दोनों महत्वपूर्ण संस्थाएँ हैं, लेकिन उनकी भूमिकाएँ और अधिकार अलग-अलग हैं। किसी समस्या की प्रकृति के अनुसार सही संस्था की पहचान करना आवश्यक है।

**भ्रांति 7: "अधिकारों के साथ कोई जिम्मेदारी नहीं आती"**

**भ्रांति**

कुछ लोग मानते हैं कि लोकतंत्र में केवल अधिकार महत्वपूर्ण हैं और नागरिकों की कोई विशेष जिम्मेदारी नहीं होती।

**वास्तविकता**

अधिकार और जिम्मेदारियाँ एक-दूसरे के पूरक हैं। लोकतांत्रिक व्यवस्था तभी प्रभावी रूप से कार्य कर सकती है जब नागरिक अपने अधिकारों का उपयोग करते समय दूसरों के अधिकारों और समाज के व्यापक हितों का भी सम्मान करें।

भारतीय संविधान नागरिकों को अनेक महत्वपूर्ण अधिकार प्रदान करता है, लेकिन साथ ही संविधान नागरिकों से जिम्मेदार और जागरूक नागरिकता की भी अपेक्षा करता है।

इसी संदर्भ में संविधान में मौलिक कर्तव्यों (Fundamental Duties) का भी उल्लेख किया गया है, जो नागरिकों को राष्ट्र, संविधान और समाज के प्रति उनकी जिम्मेदारियों की याद दिलाते हैं।

**यह क्यों महत्वपूर्ण है?**

यदि प्रत्येक व्यक्ति केवल अपने अधिकारों पर ध्यान दे और दूसरों के अधिकारों का सम्मान न करे, तो सामाजिक संतुलन और लोकतांत्रिक व्यवस्था प्रभावित हो सकती है।

जिम्मेदार नागरिकता:

- कानून के सम्मान को बढ़ावा देती है
- लोकतांत्रिक संस्थाओं को मजबूत करती है
- सामाजिक सौहार्द को प्रोत्साहित करती है
- सामूहिक प्रगति में योगदान देती है

**एक सरल उदाहरण**

अभिव्यक्ति की स्वतंत्रता एक महत्वपूर्ण अधिकार है। लेकिन इसका उपयोग करते समय दूसरों की गरिमा, कानून और सार्वजनिक व्यवस्था का भी सम्मान करना आवश्यक होता है।

यह दर्शाता है कि अधिकार और जिम्मेदारियाँ साथ-साथ चलते हैं।

**याद रखने योग्य बात**

अधिकार व्यक्ति को शक्ति प्रदान करते हैं, जबकि जिम्मेदारियाँ उस शक्ति के जिम्मेदार उपयोग का मार्ग दिखाती हैं।

**इस अध्याय से मुख्य बातें**

- किसी भी विषय को समझने के लिए तथ्यात्मक और विश्वसनीय जानकारी आवश्यक है।
- संविधान केवल न्यायालयों या वकीलों के लिए नहीं, बल्कि प्रत्येक नागरिक के लिए महत्वपूर्ण है।
- आरक्षण से संबंधित विषयों को उनके संवैधानिक और ऐतिहासिक संदर्भ में समझना चाहिए।
- छात्रवृत्तियों के लिए पात्रता, आवेदन प्रक्रिया और समय-सीमा महत्वपूर्ण होती हैं।
- सभी छात्रवृत्तियाँ केवल शैक्षणिक अंकों पर आधारित नहीं होतीं।
- राष्ट्रीय आयोग और न्यायालय अलग-अलग भूमिकाएँ निभाते हैं।
- अधिकारों के साथ जिम्मेदारियाँ भी जुड़ी होती हैं।

- संतुलित और जागरूक दृष्टिकोण लोकतांत्रिक समाज को मजबूत बनाता है।

**चिंतन के प्रश्न**

1. किसी विषय पर निष्कर्ष निकालने से पहले तथ्यों की जाँच क्यों आवश्यक है?
2. संविधान का सामान्य नागरिक के जीवन से क्या संबंध है?
3. छात्रवृत्तियों के बारे में कौन-सी भ्रांतियाँ आपको सबसे महत्वपूर्ण लगीं?
4. राष्ट्रीय आयोग और न्यायालय में क्या अंतर है?
5. अधिकारों और जिम्मेदारियों के बीच संतुलन क्यों आवश्यक है?
6. संदर्भ

**भारत का संविधान**

- अनुच्छेद 14, 15, 16, 17
- अनुच्छेद 21, 21A, 32 और 46
- अनुच्छेद 338, 338A और 338B
- राष्ट्रीय छात्रवृत्ति पोर्टल (NSP)
- राष्ट्रीय आयोगों के सार्वजनिक दस्तावेज़
- भारत सरकार के आधिकारिक शैक्षिक एवं संवैधानिक संसाधन

# 14

# अधिक समान और सशक्त भारत की ओर

एक यात्रा का सार

इस पुस्तक की शुरुआत हमने भारतीय संविधान, अधिकारों और संवैधानिक जागरूकता को समझने से की थी। इसके बाद हमने समानता, सामाजिक न्याय, संवैधानिक संरक्षण, शिक्षा, रोजगार, आर्थिक सशक्तिकरण और प्रेरणादायक व्यक्तित्वों जैसे विभिन्न विषयों पर चर्चा की।

इन सभी अध्यायों का एक साझा उद्देश्य था यह समझना कि संविधान केवल एक कानूनी दस्तावेज़ नहीं है, बल्कि नागरिकों को अवसर, सुरक्षा और सशक्तिकरण प्रदान करने वाली एक जीवंत व्यवस्था भी है।

अधिकारों की जानकारी महत्वपूर्ण है। अवसरों की पहचान महत्वपूर्ण है। लेकिन इन दोनों से भी अधिक महत्वपूर्ण है उनका जिम्मेदारीपूर्वक उपयोग।

एक अधिक समान और सशक्त भारत का निर्माण केवल सरकारों, न्यायालयों या संस्थाओं के प्रयासों से नहीं हो सकता। इसमें प्रत्येक नागरिक की भूमिका होती है।

**इस अध्याय में क्या सीखेंगे?**

इस अध्याय में हम समझेंगे:

- जागरूक नागरिक की भूमिका
- अधिकार और कर्तव्य का संबंध
- संवैधानिक मूल्यों का महत्व

- विविधता और सम्मान
- युवाओं की भूमिका
- आगे की यात्रा
- इस पुस्तक से प्राप्त प्रमुख सीख

इस अध्याय का उद्देश्य पुस्तक के प्रमुख विचारों को एक व्यापक दृष्टिकोण में प्रस्तुत करना है।

**जागरूक नागरिक कौन है?**

जागरूक नागरिक वह नहीं है जो केवल अपने अधिकारों के बारे में जानता हो। एक वास्तविक जागरूक नागरिक अपने अधिकारों, कर्तव्यों और समाज के प्रति अपनी जिम्मेदारियों—तीनों को समझता है।

लोकतंत्र की सफलता केवल संविधान या संस्थाओं पर निर्भर नहीं करती; यह नागरिकों की जागरूकता, भागीदारी और जिम्मेदार व्यवहार पर भी आधारित होती है।

**अपने अधिकारों को जानता है**

जागरूक नागरिक अपने संवैधानिक अधिकारों और उपलब्ध अवसरों के बारे में जानकारी प्राप्त करने का प्रयास करता है। वह यह समझता है कि अधिकार व्यक्ति की स्वतंत्रता, गरिमा और विकास की रक्षा करते हैं।

**अपने कर्तव्यों को समझता है**

अधिकारों के साथ कर्तव्य भी जुड़े होते हैं। जागरूक नागरिक यह समझता है कि संविधान और लोकतांत्रिक व्यवस्था के प्रति उसका भी दायित्व है।

मौलिक कर्तव्यों की भावना नागरिकों को राष्ट्र, समाज और सार्वजनिक संस्थाओं के प्रति जिम्मेदार व्यवहार अपनाने के लिए प्रेरित करती है।

**दूसरों के अधिकारों का सम्मान करता है**

लोकतंत्र केवल अपने अधिकारों की रक्षा का नाम नहीं है। यह दूसरों के अधिकारों, विचारों और गरिमा का सम्मान करने की भी अपेक्षा करता है।

जब नागरिक एक-दूसरे के अधिकारों का सम्मान करते हैं, तब समाज में विश्वास और सौहार्द मजबूत होता है।

**संवैधानिक और शांतिपूर्ण तरीकों का उपयोग करता है**

मतभेद किसी भी लोकतंत्र का स्वाभाविक हिस्सा हैं। लेकिन जागरूक नागरिक समस्याओं और असहमतियों के समाधान के लिए संवैधानिक, कानूनी और शांतिपूर्ण माध्यमों का उपयोग करता है।

यह दृष्टिकोण लोकतांत्रिक संस्थाओं को मजबूत बनाता है।

**समाज में सकारात्मक योगदान देता है**

जागरूक नागरिक केवल व्यक्तिगत सफलता तक सीमित नहीं रहता। वह अपने समुदाय, समाज और राष्ट्र के विकास में सकारात्मक योगदान देने का प्रयास करता है।

यह योगदान शिक्षा, जागरूकता, सामाजिक सेवा, नेतृत्व, नवाचार या अन्य रचनात्मक कार्यों के माध्यम से हो सकता है।

**एक महत्वपूर्ण विचार**

जागरूक नागरिकता किसी विशेष आयु, पेशे या सामाजिक स्थिति तक सीमित नहीं है। प्रत्येक व्यक्ति अपने दैनिक जीवन में जिम्मेदार और सकारात्मक निर्णय लेकर लोकतंत्र को मजबूत बनाने में योगदान दे सकता है।

**याद रखने योग्य बात**

जागरूक नागरिक वह है जो अपने अधिकारों को जानता है, अपने कर्तव्यों को समझता है, दूसरों का सम्मान करता है और समाज के प्रति सकारात्मक जिम्मेदारी निभाने का प्रयास करता है।

**संवैधानिक मूल्यों का महत्व**

भारतीय संविधान केवल संस्थाओं और प्रक्रियाओं का दस्तावेज़ नहीं है। यह कुछ ऐसे मूल्यों पर आधारित है जो एक न्यायपूर्ण, लोकतांत्रिक और समावेशी समाज की नींव बनाते हैं।

संविधान की प्रस्तावना में उल्लिखित न्याय, स्वतंत्रता, समानता और बंधुत्व केवल शब्द नहीं हैं; वे ऐसे आदर्श हैं जो भारत की लोकतांत्रिक यात्रा को दिशा प्रदान करते हैं।

**न्याय (Justice)**

न्याय का अर्थ केवल न्यायालयों तक सीमित नहीं है। इसका व्यापक उद्देश्य यह सुनिश्चित करना है कि प्रत्येक व्यक्ति को निष्पक्ष अवसर, सम्मान और कानून के अनुसार संरक्षण प्राप्त हो।

सामाजिक, आर्थिक और राजनीतिक न्याय की अवधारणाएँ इसी व्यापक दृष्टिकोण का हिस्सा हैं।

**स्वतंत्रता (Liberty)**

स्वतंत्रता व्यक्ति को अपने विचार व्यक्त करने, सीखने, आगे बढ़ने और अपनी क्षमताओं का विकास करने का अवसर प्रदान करती है।

लोकतांत्रिक समाज में स्वतंत्रता और जिम्मेदारी साथ-साथ चलती हैं।

**समानता (Equality)**

समानता का अर्थ यह नहीं है कि सभी लोग एक जैसे हैं। इसका अर्थ यह है कि प्रत्येक व्यक्ति सम्मान का अधिकारी है और उसे अवसरों तक न्यायपूर्ण पहुँच प्राप्त होनी चाहिए।

इसी सिद्धांत ने संविधान में समानता और भेदभाव-निषेध से संबंधित महत्वपूर्ण प्रावधानों को जन्म दिया।

**बंधुत्व (Fraternity)**

बंधुत्व का संबंध परस्पर सम्मान, सामाजिक सद्भाव और राष्ट्रीय एकता से है।

भारत जैसे विविधतापूर्ण देश में बंधुत्व का महत्व और भी अधिक बढ़ जाता है, क्योंकि यह हमें विभिन्न भाषाओं, संस्कृतियों, परंपराओं और पृष्ठभूमियों के बावजूद एक साझा नागरिक पहचान से जोड़ता है।

**आज भी ये मूल्य क्यों महत्वपूर्ण हैं?**

समय बदलता है, तकनीक बदलती है और समाज भी विकसित होता है। लेकिन न्याय, स्वतंत्रता, समानता और बंधुत्व जैसे मूल्य आज भी उतने ही प्रासंगिक हैं जितने संविधान के निर्माण के समय थे।

ये मूल्य नागरिकों, संस्थाओं और लोकतांत्रिक व्यवस्था को एक साझा दिशा प्रदान करते हैं।

**एक महत्वपूर्ण विचार**

संवैधानिक मूल्यों की वास्तविक शक्ति तब दिखाई देती है जब वे केवल पुस्तकों में नहीं, बल्कि नागरिकों के व्यवहार, निर्णयों और सार्वजनिक जीवन में भी दिखाई दें।

**याद रखने योग्य बात**

न्याय, स्वतंत्रता, समानता और बंधुत्व भारतीय संविधान की आधारशिला हैं। इन मूल्यों का सम्मान एक अधिक समान, समावेशी और सशक्त भारत के निर्माण में महत्वपूर्ण भूमिका निभाता है।

**विविधता का सम्मान और सामाजिक सौहार्द**

भारत विश्व के सबसे विविधतापूर्ण देशों में से एक है। यहाँ अनेक भाषाएँ, संस्कृतियाँ, परंपराएँ, धर्म, रीति-रिवाज और जीवन-शैलियाँ देखने को मिलती हैं। यह विविधता भारत की पहचान और शक्ति दोनों का महत्वपूर्ण हिस्सा है।

लोकतांत्रिक समाज में विविधता का सम्मान केवल सहिष्णुता का विषय नहीं है; यह परस्पर सम्मान, संवाद और सहयोग का भी आधार है।

**विविधता हमारी शक्ति है**

विभिन्न पृष्ठभूमियों से आने वाले लोग अपने अनुभव, ज्ञान और दृष्टिकोण के माध्यम से समाज को समृद्ध बनाते हैं।

विविधता हमें नए विचारों को समझने, अलग-अलग अनुभवों से सीखने और व्यापक दृष्टिकोण विकसित करने का अवसर प्रदान करती है।

**परस्पर सम्मान का महत्व**

सामाजिक सौहार्द तब मजबूत होता है जब लोग एक-दूसरे की गरिमा, विचारों और पहचान का सम्मान करते हैं।

मतभेद होना स्वाभाविक है, लेकिन मतभेदों को सम्मान और संवाद के माध्यम से संभालना लोकतांत्रिक समाज की महत्वपूर्ण विशेषता है।

**साझा नागरिकता**

यद्यपि लोगों की पृष्ठभूमियाँ अलग-अलग हो सकती हैं, लेकिन संविधान सभी नागरिकों को एक साझा लोकतांत्रिक ढाँचे से जोड़ता है।

यह साझा नागरिकता हमें याद दिलाती है कि विविधताओं के बावजूद हम एक ही राष्ट्र के नागरिक हैं और समान संवैधानिक मूल्यों से जुड़े हुए हैं।

***"विविधता में एकता" का महत्व***

"विविधता में एकता" केवल एक प्रसिद्ध वाक्यांश नहीं है; यह भारत के सामाजिक और लोकतांत्रिक अनुभव का महत्वपूर्ण हिस्सा है।

जब विविधता और एकता साथ-साथ चलती हैं, तब समाज अधिक मजबूत, समावेशी और स्थिर बनता है।

**सामाजिक सौहार्द में नागरिकों की भूमिका**

प्रत्येक नागरिक सामाजिक सौहार्द को मजबूत बनाने में योगदान दे सकता है:

- सम्मानजनक संवाद द्वारा
- भेदभाव और पूर्वाग्रहों से बचकर
- विभिन्न दृष्टिकोणों को समझने का प्रयास करके
- सहयोग और सहभागिता को बढ़ावा देकर

**एक महत्वपूर्ण विचार**

सामाजिक सौहार्द केवल नीतियों से नहीं बनता। यह नागरिकों के दैनिक व्यवहार, आपसी सम्मान और साझा जिम्मेदारी की भावना से विकसित होता है।

**याद रखने योग्य बात**

भारत की विविधता उसकी महत्वपूर्ण शक्ति है। जब विविधता के साथ सम्मान, संवाद और सहयोग जुड़ते हैं, तब एक अधिक समावेशी और सशक्त समाज का निर्माण संभव होता है।

**युवाओं की भूमिका और भविष्य का भारत**

भारत दुनिया के सबसे युवा देशों में से एक है। इसलिए देश का भविष्य काफी हद तक उसके युवाओं की सोच, शिक्षा, कौशल, नेतृत्व और भागीदारी पर निर्भर करता है।

युवा केवल भविष्य के नागरिक नहीं हैं; वे वर्तमान के भी सक्रिय सहभागी हैं। उनके निर्णय, प्रयास और योगदान समाज तथा राष्ट्र के विकास को प्रभावित कर सकते हैं।

**शिक्षा और नेतृत्व**

शिक्षा युवाओं को केवल ज्ञान ही नहीं देती, बल्कि उन्हें जिम्मेदार निर्णय लेने, समस्याओं को समझने और नेतृत्व विकसित करने की क्षमता भी प्रदान करती है।

एक शिक्षित और जागरूक युवा अपने जीवन के साथ-साथ समाज में भी सकारात्मक परिवर्तन ला सकता है।

**नवाचार और उद्यमिता**

नई तकनीक, डिजिटल अर्थव्यवस्था और बदलती वैश्विक परिस्थितियाँ युवाओं के लिए अनेक अवसर प्रस्तुत कर रही हैं।

नवाचार, शोध, उद्यमिता और रचनात्मक सोच के माध्यम से युवा नई समस्याओं के समाधान खोज सकते हैं और रोजगार के नए अवसर उत्पन्न कर सकते हैं।

**सामुदायिक भागीदारी**

राष्ट्र निर्माण केवल बड़े पदों या संस्थाओं तक सीमित नहीं है।

युवा:

- सामुदायिक सेवा में भाग लेकर
- जागरूकता फैलाकर
- शिक्षा और कौशल विकास को बढ़ावा देकर
- सामाजिक पहलों में योगदान देकर
- भी महत्वपूर्ण भूमिका निभा सकते हैं।
- लोकतंत्र में जिम्मेदार भागीदारी

एक मजबूत लोकतंत्र जागरूक और जिम्मेदार नागरिकों पर आधारित होता है।

युवा लोकतांत्रिक प्रक्रियाओं को समझकर, तथ्यात्मक जानकारी के आधार पर निर्णय लेकर और संवैधानिक मूल्यों का सम्मान करके लोकतंत्र को मजबूत बना सकते हैं।

**परिवर्तन की शक्ति**

इतिहास और वर्तमान दोनों यह दिखाते हैं कि अनेक सकारात्मक परिवर्तन युवाओं की ऊर्जा, दृष्टि और प्रतिबद्धता से संभव हुए हैं।

युवाओं में नई सोच, नई संभावनाओं और नई दिशाओं को अपनाने की क्षमता होती है। यही क्षमता भविष्य के भारत को आकार देने में महत्वपूर्ण भूमिका निभा सकती है।

**एक प्रेरक विचार**

भविष्य केवल परिस्थितियों से नहीं बनता; वह उन लोगों द्वारा निर्मित होता है जो सीखने, प्रयास करने और सकारात्मक परिवर्तन लाने का साहस रखते हैं।

**याद रखने योग्य बात**

युवा केवल भविष्य की आशा नहीं हैं। वे वर्तमान की शक्ति भी हैं। शिक्षा, जागरूकता, नवाचार और जिम्मेदार भागीदारी के माध्यम से वे एक अधिक समान, समावेशी और सशक्त भारत के निर्माण में महत्वपूर्ण योगदान दे सकते हैं।

**आगे की यात्रा**

इस पुस्तक का उद्देश्य केवल जानकारी प्रदान करना नहीं था। इसका उद्देश्य पाठकों को संविधान, अधिकारों, अवसरों और सशक्तिकरण से जुड़े विषयों को समझने के लिए एक प्रारंभिक मार्गदर्शन उपलब्ध कराना भी था।

लेकिन सीखने की यात्रा किसी पुस्तक के अंतिम पृष्ठ पर समाप्त नहीं होती। वास्तव में यह वहीं से आगे बढ़ती है।

**सीखते रहिए**

समाज, कानून, नीतियाँ और अवसर समय के साथ बदलते रहते हैं। इसलिए निरंतर सीखने और स्वयं को अद्यतन रखने की आदत विकसित करना महत्वपूर्ण है।

ज्ञान एक ऐसी शक्ति है जो उपयोग करने पर और अधिक विकसित होती है।

**आधिकारिक और विश्वसनीय स्रोतों का उपयोग कीजिए**

महत्वपूर्ण विषयों पर जानकारी प्राप्त करते समय हमेशा आधिकारिक वेबसाइटों, सरकारी प्रकाशनों, शैक्षणिक संस्थानों और विश्वसनीय स्रोतों को प्राथमिकता दें।

तथ्यात्मक जानकारी बेहतर निर्णय लेने में सहायता करती है।

अपने अधिकारों को समझिए और दूसरों को भी जागरूक कीजिए

संवैधानिक जागरूकता केवल व्यक्तिगत लाभ तक सीमित नहीं होनी चाहिए।

जब लोग सही जानकारी साझा करते हैं और दूसरों को भी जागरूक बनने के लिए प्रेरित करते हैं, तब समाज अधिक सशक्त बनता है।

**उपलब्ध अवसरों का उपयोग कीजिए**

शिक्षा, छात्रवृत्तियाँ, कौशल विकास, रोजगार और उद्यमिता जैसे अवसर तभी प्रभावी होते हैं जब उनका उपयोग किया जाए।

जानकारी को कार्य में बदलना ही वास्तविक प्रगति की दिशा में पहला कदम है।

**समाज से जुड़े रहिए**

एक जिम्मेदार नागरिक अपने समुदाय और समाज से जुड़ा रहता है।

सकारात्मक भागीदारी, सहयोग और संवाद लोकतांत्रिक समाज को मजबूत बनाने में महत्वपूर्ण भूमिका निभाते हैं।

स्वयं को निरंतर विकसित कीजिए

प्रत्येक व्यक्ति की परिस्थितियाँ अलग होती हैं, लेकिन सीखने, सुधार करने और आगे बढ़ने की क्षमता सभी में होती है।

छोटे-छोटे निरंतर प्रयास समय के साथ बड़े परिणाम उत्पन्न कर सकते हैं।

**एक महत्वपूर्ण विचार**

संविधान अवसरों का ढाँचा प्रदान करता है, लेकिन उन अवसरों को वास्तविक उपलब्धियों में बदलने का कार्य नागरिकों के हाथों में होता है।

**याद रखने योग्य बात**

सीखना, जागरूक रहना, अवसरों का उपयोग करना और समाज के प्रति सकारात्मक योगदान देना यही एक अधिक समान और सशक्त भारत की दिशा में आगे बढ़ने के महत्वपूर्ण कदम हैं।

**इस पुस्तक से मुख्य सीख**

इस पुस्तक में हमने संविधान, अधिकारों, अवसरों, शिक्षा, रोजगार, सशक्तिकरण और जिम्मेदार नागरिकता जैसे विभिन्न विषयों को समझने का प्रयास किया। यद्यपि प्रत्येक अध्याय का अपना अलग महत्व है, फिर भी कुछ

प्रमुख सीखें ऐसी हैं जिन्हें हम अपने दैनिक जीवन में साथ लेकर आगे बढ़ सकते हैं।

याद रखने योग्य प्रमुख बातें

- संविधान भारत के लोकतांत्रिक ढाँचे की आधारशिला है।
- अपने अधिकारों को जानना और समझना प्रत्येक नागरिक के लिए महत्वपूर्ण है।
- अधिकारों के साथ जिम्मेदारियाँ और कर्तव्य भी जुड़े होते हैं।
- शिक्षा व्यक्तिगत और सामाजिक सशक्तिकरण का महत्वपूर्ण साधन है।
- अवसरों की जानकारी प्राप्त करना और उनका उपयोग करना आवश्यक है।
- कौशल विकास और निरंतर सीखना भविष्य निर्माण में महत्वपूर्ण भूमिका निभाते हैं।
- संवैधानिक और कानूनी व्यवस्थाओं की जानकारी नागरिकों को अधिक जागरूक बनाती है।
- तथ्यात्मक और विश्वसनीय जानकारी पर आधारित दृष्टिकोण विकसित करना चाहिए।
- विविधता का सम्मान और सामाजिक सौहार्द लोकतंत्र की महत्वपूर्ण शक्तियाँ हैं।
- राष्ट्रीय संस्थाएँ और लोकतांत्रिक प्रक्रियाएँ नागरिकों की भागीदारी से मजबूत होती हैं।
- समाज में सकारात्मक योगदान देना जिम्मेदार नागरिकता का महत्वपूर्ण हिस्सा है।
- सशक्तिकरण का वास्तविक आधार ज्ञान, जागरूकता, अवसर और निरंतर प्रयास हैं।

# 15

# आयोग, जनप्रतिनिधि और संवैधानिक संरक्षण की व्यवस्था

*भारतीय संविधा* केवल अधिकारों की घोषणा करने वाला दस्तावेज़ नहीं है, बल्कि उन अधिकारों की रक्षा और उनके प्रभावी क्रियान्वयन के लिए संस्थागत व्यवस्थाएँ भी प्रदान करता है। संविधान निर्माताओं ने यह समझा था कि केवल कानूनी अधिकार प्रदान कर देना पर्याप्त नहीं होगा; यह भी सुनिश्चित करना आवश्यक है कि समाज के प्रत्येक वर्ग, विशेषकर ऐतिहासिक रूप से वंचित और कमजोर समुदायों को उन अधिकारों का वास्तविक लाभ प्राप्त हो सके।

अनुसूचित जाति (SC), अनुसूचित जनजाति (ST) और अन्य पिछड़ा वर्ग (OBC) जैसे समुदायों ने लंबे समय तक सामाजिक, शैक्षिक और आर्थिक चुनौतियों का सामना किया है। इन चुनौतियों को ध्यान में रखते हुए संविधान ने विशेष संरक्षण, प्रतिनिधित्व और संस्थागत निगरानी की व्यवस्थाएँ विकसित कीं।

इन्हीं व्यवस्थाओं के अंतर्गत विभिन्न आयोगों, जनप्रतिनिधियों और प्रशासनिक संस्थाओं की भूमिका अत्यंत महत्वपूर्ण हो जाती है। ये संस्थाएँ केवल शिकायतों के समाधान का माध्यम नहीं हैं, बल्कि सामाजिक न्याय, समान अवसर और संवैधानिक मूल्यों के संरक्षण की दिशा में भी कार्य करती हैं।

यह अध्याय संवैधानिक संरक्षण की व्यवस्था, आयोगों की भूमिका, जनप्रतिनिधियों की जिम्मेदारियों तथा नागरिकों की भागीदारी को समझने का प्रयास करता है।

**संवैधानिक संरक्षण की आवश्यकता**

भारत का संविधान समानता, न्याय और मानव गरिमा के सिद्धांतों पर आधारित है। फिर भी संविधान निर्माताओं ने यह स्वीकार किया कि समाज के सभी वर्ग समान सामाजिक परिस्थितियों में नहीं रहे हैं।

कुछ समुदायों को शिक्षा, रोजगार, भूमि, राजनीतिक प्रतिनिधित्व और सामाजिक सम्मान तक पहुँच प्राप्त करने में ऐतिहासिक कठिनाइयों का सामना करना पड़ा। ऐसी परिस्थितियों में केवल औपचारिक समानता पर्याप्त नहीं थी।

इसी कारण संविधान ने विशेष संवैधानिक संरक्षणों की व्यवस्था की, जिनका उद्देश्य था—

- सामाजिक न्याय को बढ़ावा देना
- भेदभाव को कम करना
- अवसरों तक पहुँच बढ़ाना
- प्रतिनिधित्व सुनिश्चित करना
- कमजोर वर्गों के अधिकारों की रक्षा करना

संवैधानिक संरक्षण किसी विशेषाधिकार की व्यवस्था नहीं है, बल्कि समान अवसरों की दिशा में संतुलन स्थापित करने का प्रयास है।

**सामाजिक न्याय और संस्थागत व्यवस्था**

सामाजिक न्याय केवल एक आदर्श नहीं, बल्कि भारतीय संविधान का मूल उद्देश्य है। संविधान की प्रस्तावना, मौलिक अधिकार, राज्य के नीति-निर्देशक तत्व तथा विभिन्न संवैधानिक प्रावधान सामाजिक न्याय की व्यापक अवधारणा को प्रतिबिंबित करते हैं।

सामाजिक न्याय को प्रभावी बनाने के लिए केवल कानून पर्याप्त नहीं होते। इसके लिए ऐसी संस्थाओं की आवश्यकता होती है जो:

- अधिकारों के उल्लंघन की निगरानी करें
- शिकायतों की जाँच करें
- सरकार को सुझाव दें

- नीतियों के क्रियान्वयन का मूल्यांकन करें
- वंचित समुदायों की आवाज़ को संस्थागत मंच प्रदान करें

इसी उद्देश्य से विभिन्न राष्ट्रीय और राज्य स्तरीय आयोगों की स्थापना की गई।

**राष्ट्रीय अनुसूचित जाति आयोग (अनुच्छेद 338)**

राष्ट्रीय अनुसूचित जाति आयोग भारतीय संविधान के अनुच्छेद 338 के अंतर्गत स्थापित एक महत्वपूर्ण संवैधानिक संस्था है।

इस आयोग का मुख्य उद्देश्य अनुसूचित जातियों के लिए उपलब्ध संवैधानिक और कानूनी संरक्षणों के क्रियान्वयन की निगरानी करना तथा उनके अधिकारों की रक्षा सुनिश्चित करना है।

**आयोग के प्रमुख कार्य**

राष्ट्रीय अनुसूचित जाति आयोग के प्रमुख कार्यों में शामिल हैं:

- अनुसूचित जातियों से संबंधित संवैधानिक संरक्षणों की निगरानी
- शिकायतों की जाँच
- अधिकारों के उल्लंघन से जुड़े मामलों का अध्ययन
- सरकार को सुझाव और सिफारिशें देना
- विकास कार्यक्रमों की समीक्षा
- राष्ट्रपति को रिपोर्ट प्रस्तुत करना

**आयोग का महत्व**

राष्ट्रीय अनुसूचित जाति आयोग नागरिकों और शासन के बीच एक महत्वपूर्ण सेतु का कार्य करता है। यह आयोग केवल समस्याओं की पहचान नहीं करता, बल्कि नीतिगत सुधारों के लिए भी सुझाव देता है।

**राष्ट्रीय अनुसूचित जनजाति आयोग (अनुच्छेद 338A)**

राष्ट्रीय अनुसूचित जनजाति आयोग संविधान के अनुच्छेद 338A के अंतर्गत स्थापित किया गया है।

भारत की जनजातीय समुदायों की सामाजिक, सांस्कृतिक और भौगोलिक परिस्थितियाँ अनेक मामलों में विशिष्ट हैं। इन्हीं विशेष परिस्थितियों को ध्यान में रखते हुए अनुसूचित जनजातियों के लिए पृथक आयोग की स्थापना की गई।

**प्रमुख कार्य**

- जनजातीय अधिकारों की निगरानी
- शिकायतों की जाँच
- विकास योजनाओं की समीक्षा
- सरकार को नीतिगत सुझाव देना
- अनुसूचित जनजातियों से संबंधित मामलों पर अध्ययन करना

**आयोग का महत्व**

यह आयोग जनजातीय समुदायों की समस्याओं और आवश्यकताओं को शासन के समक्ष प्रभावी ढंग से प्रस्तुत करने का कार्य करता है।

**राष्ट्रीय पिछड़ा वर्ग आयोग**

राष्ट्रीय पिछड़ा वर्ग आयोग सामाजिक और शैक्षिक रूप से पिछड़े वर्गों से संबंधित विषयों पर कार्य करने वाली महत्वपूर्ण संस्था है।

इस आयोग का उद्देश्य पिछड़े वर्गों से संबंधित शिकायतों, नीतियों और संरक्षणों की समीक्षा करना तथा आवश्यक सुझाव देना है।

**प्रमुख कार्य**

- पिछड़े वर्गों से संबंधित शिकायतों की समीक्षा
- नीतिगत सुझाव देना
- संरक्षण संबंधी व्यवस्थाओं का मूल्यांकन
- सरकार को अनुशंसाएँ प्रस्तुत करना

**बदलती भूमिका**

समय के साथ राष्ट्रीय पिछड़ा वर्ग आयोग की भूमिका अधिक व्यापक हुई है और यह सामाजिक न्याय से जुड़े अनेक महत्वपूर्ण विषयों पर कार्य करता है।

**राज्य अनुसूचित जाति आयोग की भूमिका**

राष्ट्रीय स्तर के आयोगों के साथ-साथ राज्यों में भी ऐसी संस्थाओं की आवश्यकता महसूस की गई जो स्थानीय परिस्थितियों, क्षेत्रीय समस्याओं और राज्य-विशिष्ट चुनौतियों को अधिक प्रभावी ढंग से समझ सकें। इसी उद्देश्य से विभिन्न राज्यों में राज्य अनुसूचित जाति आयोगों की स्थापना की गई।

राज्य अनुसूचित जाति आयोग का मुख्य उद्देश्य राज्य के भीतर अनुसूचित जातियों से संबंधित अधिकारों, संरक्षणों और कल्याणकारी योजनाओं के क्रियान्वयन की निगरानी करना है। यह आयोग नागरिकों और राज्य सरकार के

बीच एक महत्वपूर्ण संस्थागत सेतु का कार्य करता है।

**राज्य आयोगों के प्रमुख कार्य**

राज्य अनुसूचित जाति आयोग सामान्यतः निम्नलिखित कार्य करता है:

- अनुसूचित जातियों से संबंधित शिकायतों की जाँच
- कल्याणकारी योजनाओं की समीक्षा
- अधिकारों के उल्लंघन से जुड़े मामलों का अध्ययन
- राज्य सरकार को सुझाव देना
- जागरूकता और परामर्श गतिविधियों को बढ़ावा देना
- सामाजिक न्याय से संबंधित नीतियों के प्रभाव का मूल्यांकन करना

राज्य स्तर पर कार्य करने के कारण आयोग स्थानीय परिस्थितियों को अधिक निकटता से समझ सकता है और त्वरित हस्तक्षेप करने की क्षमता रखता है।

**आयोगों के अधिकार एवं शक्तियाँ**

किसी भी आयोग की प्रभावशीलता उसके अधिकारों और शक्तियों पर निर्भर करती है। संविधान और संबंधित कानून आयोगों को कुछ महत्वपूर्ण अधिकार प्रदान करते हैं ताकि वे अपने दायित्वों का प्रभावी निर्वहन कर सकें।

- **जानकारी प्राप्त करने का अधिकार**

आयोग विभिन्न विभागों, अधिकारियों और संस्थाओं से जानकारी माँग सकता है। यह अधिकार आयोग को तथ्यों का सत्यापन करने और शिकायतों की जाँच करने में सहायता करता है।

- **जाँच और अध्ययन**

आयोग किसी विशेष विषय, शिकायत या नीति के प्रभाव का अध्ययन कर सकता है। इस प्रकार के अध्ययन भविष्य की नीतियों और सुधारों के लिए महत्वपूर्ण आधार प्रदान करते हैं।

- **सिफारिशें प्रस्तुत करना**

आयोग सरकार को विभिन्न विषयों पर सुझाव और अनुशंसाएँ प्रस्तुत कर सकता है। यद्यपि ये सिफारिशें न्यायालय के आदेशों की तरह बाध्यकारी नहीं होतीं, फिर भी इनका नीतिगत महत्व काफी होता है।

- **प्रतिवेदन प्रस्तुत करना**

राष्ट्रीय और राज्य आयोग समय-समय पर अपनी रिपोर्ट प्रस्तुत करते हैं, जिनमें उपलब्धियाँ, चुनौतियाँ और सुधार संबंधी सुझाव शामिल होते हैं।

- **नागरिकों की आवाज़ को मंच प्रदान करना**

आयोगों की सबसे महत्वपूर्ण भूमिकाओं में से एक यह है कि वे नागरिकों की समस्याओं और चिंताओं को संस्थागत स्तर पर सामने लाने का अवसर प्रदान करते हैं।

**शिकायतों की जाँच प्रक्रिया**

कई नागरिकों को यह जानकारी नहीं होती कि आयोग तक शिकायत कैसे पहुँचती है और उसकी जाँच किस प्रकार की जाती है। यद्यपि विभिन्न आयोगों की प्रक्रियाओं में कुछ अंतर हो सकते हैं, फिर भी सामान्य रूप से एक समान ढाँचा दिखाई देता है।

***चरण 1: शिकायत प्राप्त होना***

शिकायत लिखित आवेदन, ऑनलाइन माध्यम, ईमेल या अन्य स्वीकृत प्रक्रियाओं के माध्यम से आयोग तक पहुँच सकती है।

शिकायत में सामान्यतः निम्न जानकारी अपेक्षित होती है:

- शिकायतकर्ता का विवरण
- घटना का संक्षिप्त विवरण
- उपलब्ध दस्तावेज़
- संबंधित विभाग या संस्था का नाम
- अपेक्षित सहायता

***चरण 2: प्रारंभिक परीक्षण***

आयोग यह देखता है कि शिकायत उसके अधिकार क्षेत्र में आती है या नहीं।

यदि मामला आयोग के अधिकार क्षेत्र से बाहर हो, तो शिकायतकर्ता को उपयुक्त मंच के बारे में जानकारी दी जा सकती है।

***चरण 3: जानकारी और रिपोर्ट प्राप्त करना***

आयोग संबंधित विभागों या अधिकारियों से तथ्यात्मक जानकारी और रिपोर्ट माँग सकता है।

इस प्रक्रिया का उद्देश्य मामले की वास्तविक स्थिति को समझना होता है।

***चरण 4: परीक्षण और समीक्षा***

उपलब्ध तथ्यों, दस्तावेज़ों और रिपोर्टों का अध्ययन किया जाता है।

आवश्यक होने पर आयोग अतिरिक्त जानकारी भी माँग सकता है।

***चरण 5: अनुशंसा या कार्रवाई***

जाँच के आधार पर आयोग अपनी टिप्पणियाँ, सिफारिशें या सुझाव प्रस्तुत कर सकता है।

कुछ मामलों में आयोग संबंधित विभाग को आवश्यक सुधारात्मक कदम उठाने की सलाह भी दे सकता है।

**आयोगों का क्षेत्राधिकार**

आयोगों की प्रभावी कार्यप्रणाली के लिए यह स्पष्ट होना आवश्यक है कि उनका कार्यक्षेत्र क्या है।

- **संवैधानिक और कानूनी संरक्षण**

आयोग मुख्य रूप से उन मामलों पर ध्यान देते हैं जो संबंधित समुदायों के संवैधानिक और कानूनी अधिकारों से जुड़े होते हैं।

- **विकास और कल्याण**

आयोग केवल शिकायतों की जाँच तक सीमित नहीं होते। वे विकास कार्यक्रमों, शैक्षिक अवसरों, सामाजिक सुरक्षा योजनाओं और कल्याणकारी उपायों की समीक्षा भी करते हैं।

- **नीति समीक्षा**

कई आयोग नीति-निर्माण से जुड़े महत्वपूर्ण सुझाव भी प्रदान करते हैं, जिससे शासन व्यवस्था को सुधारने में सहायता मिलती है।

- **जागरूकता निर्माण**

नागरिकों को अधिकारों और उपलब्ध संरक्षणों के बारे में जानकारी प्रदान करना भी आयोगों की महत्वपूर्ण भूमिकाओं में से एक है।

**आयोगों की सीमाएँ और चुनौतियाँ**

यद्यपि आयोग सामाजिक न्याय और संवैधानिक संरक्षण की दिशा में महत्वपूर्ण कार्य करते हैं, फिर भी उन्हें अनेक चुनौतियों का सामना करना पड़ता है।

- **जागरूकता की कमी**

कई नागरिकों को आयोगों के अस्तित्व, कार्यक्षेत्र और शिकायत प्रक्रिया के बारे में पर्याप्त जानकारी नहीं होती।

इस कारण अनेक समस्याएँ आयोग तक पहुँच ही नहीं पातीं।

- **संसाधनों की चुनौती**

कभी-कभी सीमित संसाधन, बढ़ते मामलों की संख्या और प्रशासनिक बाधाएँ आयोगों की कार्यक्षमता को प्रभावित कर सकती हैं।

- **क्रियान्वयन की समस्या**

आयोगों द्वारा प्रस्तुत सुझाव और सिफारिशें महत्वपूर्ण होती हैं, लेकिन उनके प्रभावी क्रियान्वयन के लिए विभिन्न संस्थाओं के सहयोग की आवश्यकता होती है।

- **जटिल सामाजिक समस्याएँ**

भेदभाव, सामाजिक बहिष्कार और असमानता जैसी समस्याएँ केवल कानूनी या प्रशासनिक उपायों से पूरी तरह समाप्त नहीं की जा सकतीं। इनके समाधान के

लिए सामाजिक जागरूकता, शिक्षा और सामुदायिक भागीदारी भी आवश्यक है।

- **बदलती अपेक्षाएँ**

समाज के बदलते स्वरूप के साथ आयोगों से अपेक्षाएँ भी बढ़ती जा रही हैं। डिजिटल शासन, नई नीतियाँ और उभरती सामाजिक चुनौतियाँ आयोगों के सामने नए दायित्व प्रस्तुत करती हैं।

**एक महत्वपूर्ण विचार**

आयोग लोकतांत्रिक व्यवस्था के महत्वपूर्ण स्तंभ हैं, लेकिन वे अकेले सामाजिक न्याय सुनिश्चित नहीं कर सकते। उनकी प्रभावशीलता सरकार, प्रशासन, जनप्रतिनिधियों और जागरूक नागरिकों के सहयोग से और अधिक मजबूत होती है।

- **याद रखने योग्य बात**

आयोग केवल शिकायत निवारण संस्थाएँ नहीं हैं। वे सामाजिक न्याय, संवैधानिक संरक्षण, नीति सुधार और नागरिक जागरूकता को मजबूत बनाने वाले महत्वपूर्ण संस्थागत तंत्र हैं।

**मध्य प्रदेश राज्य अनुसूचित जाति आयोग : एक अध्ययन**

भारतीय संविधान सामाजिक न्याय और समान अवसरों की स्थापना के लिए विभिन्न संस्थागत व्यवस्थाओं का प्रावधान करता है। राष्ट्रीय स्तर के आयोगों के साथ-साथ राज्य स्तर पर भी ऐसी संस्थाओं की आवश्यकता होती है जो स्थानीय परिस्थितियों, क्षेत्रीय चुनौतियों और नागरिकों की समस्याओं को अधिक निकटता से समझ सकें। इसी उद्देश्य से विभिन्न राज्यों में अनुसूचित जाति आयोगों की स्थापना की गई है।

मध्य प्रदेश राज्य अनुसूचित जाति आयोग ऐसी ही एक महत्वपूर्ण संस्था है, जिसका उद्देश्य अनुसूचित जातियों के अधिकारों की रक्षा, संवैधानिक संरक्षणों की निगरानी तथा सामाजिक न्याय से संबंधित मुद्दों पर राज्य सरकार को सुझाव प्रदान करना है।

**आयोग की स्थापना और उद्देश्य**

मध्य प्रदेश राज्य अनुसूचित जाति आयोग का मूल उद्देश्य यह सुनिश्चित करना है कि अनुसूचित जातियों के लिए उपलब्ध संवैधानिक और कानूनी

संरक्षणों का प्रभावी क्रियान्वयन हो।

आयोग निम्नलिखित व्यापक उद्देश्यों की पूर्ति की दिशा में कार्य करता है:

- अनुसूचित जातियों के अधिकारों की रक्षा
- शिकायतों की सुनवाई और परीक्षण
- कल्याणकारी योजनाओं की समीक्षा
- सामाजिक न्याय को बढ़ावा देना
- नीतिगत सुधारों के लिए सुझाव देना
- जागरूकता और सहभागिता को प्रोत्साहित करना

यह आयोग नागरिकों और शासन के बीच एक महत्वपूर्ण संस्थागत माध्यम के रूप में कार्य करता है।

**आयोग की संरचना**

आयोग सामान्यतः एक अध्यक्ष, उपाध्यक्ष (यदि प्रावधान हो) तथा अन्य सदस्यों से मिलकर कार्य करता है।

इन पदों पर नियुक्त व्यक्तियों से अपेक्षा की जाती है कि वे सामाजिक न्याय, सार्वजनिक नीति, प्रशासन, विधि या सामुदायिक विकास से संबंधित विषयों की समझ रखते हों।

आयोग का सचिवालय प्रशासनिक कार्यों, शिकायतों के प्रबंधन, अनुसंधान और समन्वय का कार्य करता है।

संरचनात्मक दृष्टि से आयोग का उद्देश्य केवल शिकायतों का निवारण करना नहीं है, बल्कि एक प्रभावी परामर्शदाता संस्था के रूप में भी कार्य करना है।

**आयोग के प्रमुख कार्य**

***1. शिकायतों की सुनवाई***

आयोग अनुसूचित जाति समुदाय से संबंधित शिकायतों को प्राप्त कर उनकी समीक्षा कर सकता है।

इन शिकायतों का संबंध विभिन्न विषयों से हो सकता है, जैसे:

- अधिकारों के उल्लंघन के आरोप
- कल्याणकारी योजनाओं के क्रियान्वयन में समस्याएँ
- प्रशासनिक स्तर की शिकायतें
- भेदभाव संबंधी शिकायतें

*2. योजनाओं की समीक्षा*

राज्य सरकार द्वारा संचालित योजनाओं और कार्यक्रमों के प्रभाव का मूल्यांकन करना भी आयोग की महत्वपूर्ण भूमिका है।

इस प्रक्रिया के माध्यम से आयोग यह समझने का प्रयास करता है कि योजनाएँ वास्तव में लक्षित लाभार्थियों तक पहुँच रही हैं या नहीं।

*3. अध्ययन और अनुसंधान*

आयोग सामाजिक न्याय, शिक्षा, रोजगार, प्रतिनिधित्व और विकास से जुड़े विषयों पर अध्ययन कर सकता है।

ऐसे अध्ययन भविष्य की नीतियों और सुधारों के लिए उपयोगी आधार प्रदान करते हैं।

*4. सरकार को सुझाव देना*

आयोग समय-समय पर राज्य सरकार को सुझाव और अनुशंसाएँ प्रस्तुत कर सकता है।

इन सुझावों का उद्देश्य नीतियों को अधिक प्रभावी, समावेशी और न्यायपूर्ण बनाना होता है।

*5. जागरूकता बढ़ाना*

कई बार अधिकारों की जानकारी का अभाव ही सबसे बड़ी चुनौती बन जाता है।

आयोग जागरूकता कार्यक्रमों, संवाद और परामर्श गतिविधियों के माध्यम से नागरिकों तक जानकारी पहुँचाने में योगदान दे सकता है।

**आयोग की शक्तियाँ**

किसी भी आयोग की प्रभावशीलता उसके अधिकारों और संस्थागत क्षमता पर निर्भर करती है।

मध्य प्रदेश राज्य अनुसूचित जाति आयोग को सामान्यतः निम्न प्रकार की शक्तियाँ प्राप्त होती हैं:

- संबंधित विभागों से जानकारी प्राप्त करना
- रिपोर्ट और दस्तावेज़ मँगाना
- शिकायतों की जाँच करना
- अधिकारियों से स्पष्टीकरण प्राप्त करना
- अनुशंसाएँ प्रस्तुत करना
- नीतिगत सुधारों के सुझाव देना

हालाँकि आयोग न्यायालय नहीं है, फिर भी उसकी जाँच और अनुशंसाएँ प्रशासनिक सुधार तथा जवाबदेही को बढ़ावा देने में महत्वपूर्ण भूमिका निभा सकती हैं।

**नागरिकों के लिए आयोग का महत्व**

कई नागरिकों के लिए आयोग एक ऐसे मंच के रूप में कार्य करता है जहाँ वे अपनी समस्याओं और चिंताओं को संस्थागत रूप से प्रस्तुत कर सकते हैं।

आयोग का महत्व निम्न कारणों से बढ़ जाता है:

- नागरिकों को अपनी बात रखने का अवसर मिलता है।
- शासन व्यवस्था को जमीनी समस्याओं की जानकारी मिलती है।
- योजनाओं और नीतियों के प्रभाव का मूल्यांकन संभव होता है।
- सामाजिक न्याय से जुड़े मुद्दों पर सार्वजनिक ध्यान आकर्षित होता है।

इस प्रकार आयोग केवल प्रशासनिक संस्था नहीं, बल्कि लोकतांत्रिक सहभागिता का भी महत्वपूर्ण माध्यम है।

**अध्यक्ष की भूमिका**

किसी भी आयोग की दिशा और प्रभावशीलता में उसके अध्यक्ष की महत्वपूर्ण भूमिका होती है।

अध्यक्ष सामान्यतः:

- आयोग की बैठकों का नेतृत्व करते हैं।
- प्राथमिकताओं का निर्धारण करते हैं।
- शिकायतों और अध्ययन कार्यों की समीक्षा करते हैं।
- सरकार और आयोग के बीच समन्वय स्थापित करते हैं।
- आयोग की रिपोर्टों और अनुशंसाओं का मार्गदर्शन करते हैं।

अध्यक्ष का कार्य केवल प्रशासनिक नहीं होता, बल्कि संस्थागत नेतृत्व प्रदान करना भी होता है।

**आयोग और लोकतंत्र**

लोकतंत्र केवल चुनावों तक सीमित नहीं है। लोकतंत्र की सफलता इस बात पर भी निर्भर करती है कि नागरिकों की आवाज़ सुनने और उनकी समस्याओं को समझने के लिए प्रभावी संस्थाएँ मौजूद हों।

राज्य अनुसूचित जाति आयोग जैसी संस्थाएँ लोकतांत्रिक शासन को अधिक सहभागी और उत्तरदायी बनाने में योगदान देती हैं।

वे शासन को यह समझने में सहायता करती हैं कि नीतियों और योजनाओं का वास्तविक प्रभाव समाज के विभिन्न वर्गों पर किस प्रकार पड़ रहा है।

**एक महत्वपूर्ण विचार**

संवैधानिक संरक्षण केवल संविधान की पुस्तकों में लिखे प्रावधानों तक सीमित नहीं रहने चाहिए। उनकी वास्तविक सफलता तब दिखाई देती है जब नागरिक उन संरक्षणों के बारे में जागरूक हों और संस्थाएँ उनके प्रभावी क्रियान्वयन के लिए सक्रिय रूप से कार्य करें।

**याद रखने योग्य बात**

मध्य प्रदेश राज्य अनुसूचित जाति आयोग सामाजिक न्याय, अधिकार संरक्षण और नागरिक सहभागिता की दिशा में कार्य करने वाली एक महत्वपूर्ण संस्थागत व्यवस्था है। यह आयोग नागरिकों, शासन और संविधान के बीच एक महत्वपूर्ण सेतु के रूप में कार्य करता है तथा संवैधानिक मूल्यों को व्यवहारिक रूप देने का प्रयास करता है।

**जनप्रतिनिधियों की भूमिका**

लोकतांत्रिक शासन व्यवस्था में जनप्रतिनिधि नागरिकों और सरकार के बीच एक महत्वपूर्ण सेतु का कार्य करते हैं। वे केवल चुनाव जीतकर किसी पद पर पहुँचने वाले व्यक्ति नहीं होते, बल्कि जनता की अपेक्षाओं, समस्याओं और आकांक्षाओं को शासन व्यवस्था तक पहुँचाने की जिम्मेदारी भी निभाते हैं।

संविधान ने लोकतांत्रिक प्रतिनिधित्व को शासन का एक महत्वपूर्ण आधार बनाया है। इसी कारण संसद, राज्य विधानमंडल, पंचायती राज संस्थाओं और नगर निकायों में चुने हुए प्रतिनिधियों की भूमिका अत्यंत महत्वपूर्ण मानी जाती है।

सामाजिक न्याय, विकास और संवैधानिक संरक्षणों के प्रभावी क्रियान्वयन में जनप्रतिनिधियों का योगदान महत्वपूर्ण होता है।

**सांसदों की भूमिका**

सांसद (Member of Parliament) राष्ट्रीय स्तर पर जनता का प्रतिनिधित्व करते हैं। वे संसद में अपने निर्वाचन क्षेत्र की समस्याओं, आवश्यकताओं और सुझावों को प्रस्तुत करते हैं।

प्रमुख जिम्मेदारियाँ

- *कानून निर्माण*

सांसद संसद में विधेयकों पर चर्चा करते हैं और कानून निर्माण की प्रक्रिया में भाग लेते हैं।

- *जनहित के मुद्दों को उठाना*

सांसद अपने क्षेत्र से संबंधित समस्याओं, विकास कार्यों और सामाजिक मुद्दों को संसद के समक्ष रख सकते हैं।

- *सरकारी नीतियों की समीक्षा*

लोकतंत्र में संसद का एक महत्वपूर्ण कार्य सरकार को उत्तरदायी बनाना भी है। सांसद विभिन्न प्रश्नों, चर्चाओं और समितियों के माध्यम से नीतियों की समीक्षा करते हैं।

- *संवैधानिक मूल्यों का संरक्षण*

सांसदों से अपेक्षा की जाती है कि वे संविधान की भावना और लोकतांत्रिक मूल्यों के अनुरूप कार्य करें।

- *विधायकों की भूमिका*

विधायक (Member of Legislative Assembly – MLA) राज्य स्तर पर जनता का प्रतिनिधित्व करते हैं।

वे राज्य विधानसभा में अपने क्षेत्र की समस्याओं, विकास आवश्यकताओं और जनहित के विषयों को प्रस्तुत करते हैं।

प्रमुख जिम्मेदारियाँ

*राज्य कानून निर्माण*

विधायक राज्य सूची और समवर्ती सूची से संबंधित विषयों पर कानून बनाने की प्रक्रिया में भाग लेते हैं।

*स्थानीय समस्याओं को उठाना*

सड़क, शिक्षा, स्वास्थ्य, पेयजल, सामाजिक सुरक्षा और विकास से संबंधित अनेक विषयों को विधायक विधानसभा में उठा सकते हैं।

*योजनाओं की निगरानी*

राज्य सरकार की योजनाओं और कार्यक्रमों के प्रभावी क्रियान्वयन पर ध्यान देना भी उनकी महत्वपूर्ण जिम्मेदारी है।

*नागरिकों से संवाद*

एक प्रभावी विधायक केवल विधानसभा तक सीमित नहीं रहता, बल्कि अपने क्षेत्र के नागरिकों से निरंतर संवाद बनाए रखता है।

**जिला पंचायत की भूमिका**

भारत की पंचायती राज व्यवस्था लोकतंत्र को स्थानीय स्तर तक पहुँचाने का महत्वपूर्ण माध्यम है।

जिला पंचायत जिला स्तर पर ग्रामीण विकास और स्थानीय प्रशासन से जुड़े विषयों पर कार्य करती है।

***प्रमुख कार्य***

- ग्रामीण विकास योजनाओं का समन्वय
- शिक्षा और स्वास्थ्य से जुड़े कार्यक्रमों की निगरानी
- बुनियादी सुविधाओं के विकास में सहयोग
- स्थानीय आवश्यकताओं के अनुसार योजनाओं को प्राथमिकता देना

जिला पंचायत स्थानीय लोकतंत्र को मजबूत बनाने में महत्वपूर्ण भूमिका निभाती है।

**जनपद पंचायत की भूमिका**

जनपद पंचायत (विकासखंड स्तर की पंचायत) ग्रामीण क्षेत्रों में विकास कार्यक्रमों के क्रियान्वयन और समन्वय का महत्वपूर्ण कार्य करती है।

**प्रमुख कार्य**

- विकास योजनाओं की निगरानी
- पंचायतों के साथ समन्वय
- स्थानीय समस्याओं की पहचान
- सरकारी योजनाओं के क्रियान्वयन में सहयोग

- जनपद पंचायत स्थानीय प्रशासन और ग्रामीण समुदायों के बीच एक महत्वपूर्ण कड़ी का कार्य करती है।
- नगर निकाय प्रतिनिधियों की भूमिका
- शहरी क्षेत्रों में लोकतांत्रिक प्रतिनिधित्व नगर निगम, नगर पालिका और नगर परिषद जैसी संस्थाओं के माध्यम से सुनिश्चित किया जाता है।

इन संस्थाओं के प्रतिनिधि नागरिकों के दैनिक जीवन से जुड़े अनेक विषयों पर कार्य करते हैं।

**प्रमुख कार्य**

- स्वच्छता व्यवस्था
- पेयजल और नागरिक सुविधाएँ
- सड़क और प्रकाश व्यवस्था
- शहरी विकास योजनाएँ
- स्थानीय समस्याओं का समाधान

शहरी लोकतंत्र की सफलता काफी हद तक नगर निकायों की प्रभावशीलता पर निर्भर करती है।

***समाज और शासन के बीच जनप्रतिनिधियों की भूमिका***

जनप्रतिनिधियों का सबसे महत्वपूर्ण कार्य समाज और शासन के बीच संवाद स्थापित करना है।

वे नागरिकों की समस्याओं, सुझावों और अपेक्षाओं को शासन तक पहुँचाते हैं तथा सरकारी नीतियों और योजनाओं की जानकारी नागरिकों तक पहुँचाने में भी भूमिका निभाते हैं।

इस दृष्टि से जनप्रतिनिधि केवल प्रशासनिक प्रक्रिया का हिस्सा नहीं हैं, बल्कि लोकतांत्रिक संवाद के वाहक भी हैं।

**समस्याओं को नीति से जोड़ना**

कई बार किसी क्षेत्र की स्थानीय समस्या व्यापक नीति सुधार की आवश्यकता की ओर संकेत करती है।

जनप्रतिनिधि इन समस्याओं को संबंधित मंचों तक पहुँचाकर सुधार की प्रक्रिया को गति दे सकते हैं।

**नागरिकों की आवाज़ को मंच देना**

लोकतंत्र में प्रत्येक नागरिक सीधे सभी संस्थाओं तक नहीं पहुँच सकता। जनप्रतिनिधि नागरिकों की आवाज़ को संगठित रूप से शासन तक पहुँचाने का माध्यम बनते हैं।

**सामाजिक न्याय को बढ़ावा देना**

जब जनप्रतिनिधि समाज के विभिन्न वर्गों की समस्याओं और आवश्यकताओं को समझते हैं, तब वे अधिक समावेशी और न्यायपूर्ण विकास की दिशा में योगदान दे सकते हैं।

**जनप्रतिनिधियों और संवैधानिक संरक्षण का संबंध**

संवैधानिक संरक्षणों की सफलता केवल संविधान या आयोगों पर निर्भर नहीं करती। जनप्रतिनिधियों की सक्रिय भागीदारी भी उतनी ही महत्वपूर्ण होती है।

वे:

- नागरिकों को जागरूक कर सकते हैं,
- योजनाओं की जानकारी पहुँचा सकते हैं,
- शिकायतों को उचित मंच तक ले जा सकते हैं,
- और सामाजिक न्याय से जुड़े मुद्दों को सार्वजनिक चर्चा का विषय बना सकते हैं।

इस प्रकार जनप्रतिनिधि संवैधानिक मूल्यों और नागरिकों के बीच एक महत्वपूर्ण सेतु का कार्य करते हैं।

**एक महत्वपूर्ण विचार**

लोकतंत्र केवल मतदान का नाम नहीं है। लोकतंत्र निरंतर संवाद, सहभागिता और उत्तरदायित्व की प्रक्रिया है। जनप्रतिनिधि इस प्रक्रिया के महत्वपूर्ण भागीदार होते हैं।

**याद रखने योग्य बात**

सांसद, विधायक, जिला पंचायत, जनपद पंचायत और नगर निकाय प्रतिनिधि लोकतांत्रिक शासन व्यवस्था के महत्वपूर्ण स्तंभ हैं। उनकी भूमिका केवल प्रशासनिक नहीं, बल्कि सामाजिक न्याय, जनभागीदारी और संवैधानिक मूल्यों को मजबूत बनाने की भी है।

**संवैधानिक अधिकारों के संरक्षण में नागरिकों की भागीदारी**

संविधान, कानून, आयोग और जनप्रतिनिधि लोकतांत्रिक व्यवस्था के महत्वपूर्ण अंग हैं। फिर भी किसी भी लोकतंत्र की वास्तविक शक्ति उसके

नागरिकों में निहित होती है। यदि नागरिक अपने अधिकारों, कर्तव्यों और उपलब्ध संस्थागत व्यवस्थाओं के प्रति जागरूक नहीं होंगे, तो संवैधानिक संरक्षणों का पूर्ण लाभ समाज तक नहीं पहुँच पाएगा।

इसी कारण नागरिक सहभागिता को लोकतंत्र की आत्मा कहा जाता है।

***नागरिकों की भूमिका क्यों महत्वपूर्ण है?***

किसी भी अधिकार का संरक्षण तभी प्रभावी होता है जब नागरिक:

- अपने अधिकारों को जानते हों,
- उपलब्ध संस्थाओं की जानकारी रखते हों,
- आवश्यकता पड़ने पर उचित मंचों का उपयोग करें,
- और दूसरों के अधिकारों का भी सम्मान करें।

एक जागरूक नागरिक केवल लाभार्थी नहीं होता, बल्कि लोकतांत्रिक प्रक्रिया का सक्रिय भागीदार भी होता है।

**जागरूकता से सशक्तिकरण तक**

अनेक बार समस्याएँ इसलिए बनी रहती हैं क्योंकि लोगों को उपलब्ध अधिकारों, योजनाओं या शिकायत निवारण व्यवस्थाओं की जानकारी नहीं होती।

जब नागरिक जानकारी प्राप्त करते हैं, प्रश्न पूछते हैं, दस्तावेज़ सुरक्षित रखते हैं और संवैधानिक तरीकों का उपयोग करते हैं, तब सशक्तिकरण की प्रक्रिया प्रारंभ होती है।

**नागरिक और संस्थाओं का सहयोग**

आयोग, न्यायालय, प्रशासन और जनप्रतिनिधि तभी अधिक प्रभावी हो सकते हैं जब नागरिक भी सक्रिय भूमिका निभाएँ।

यह सहयोग निम्न प्रकार से दिखाई देता है:

- सही जानकारी साझा करना
- शिकायतों को उचित मंच तक पहुँचाना
- लोकतांत्रिक प्रक्रियाओं में भाग लेना
- सामाजिक सौहार्द को बढ़ावा देना
- समुदाय में जागरूकता फैलाना

**भविष्य की दिशा**

भारत का संविधान केवल वर्तमान पीढ़ी के लिए नहीं, बल्कि आने वाली पीढ़ियों के लिए भी एक मार्गदर्शक दस्तावेज़ है।

इसलिए संवैधानिक मूल्यों की रक्षा और लोकतांत्रिक संस्थाओं को मजबूत बनाना हम सभी की साझा जिम्मेदारी है।

**अध्याय का सार**

इस अध्याय में हमने संवैधानिक संरक्षणों की आवश्यकता, आयोगों की भूमिका, शिकायत निवारण तंत्र, राज्य और राष्ट्रीय आयोगों की संरचना, जनप्रतिनिधियों की जिम्मेदारियों तथा नागरिकों की भागीदारी को समझा।

हमने देखा कि संविधान केवल अधिकारों की घोषणा नहीं करता, बल्कि उन अधिकारों की रक्षा के लिए संस्थागत व्यवस्थाएँ भी प्रदान करता है। आयोग, जनप्रतिनिधि और नागरिक तीनों मिलकर सामाजिक न्याय और संवैधानिक सशक्तिकरण की प्रक्रिया को मजबूत बनाते हैं।

**मुख्य सीख**

- संवैधानिक संरक्षण सामाजिक न्याय की दिशा में महत्वपूर्ण साधन हैं।
- राष्ट्रीय और राज्य आयोग अधिकारों की निगरानी और संरक्षण में महत्वपूर्ण भूमिका निभाते हैं।
- आयोग शिकायतों की जाँच, अध्ययन और नीतिगत सुझाव प्रदान कर सकते हैं।
- जनप्रतिनिधि समाज और शासन के बीच महत्वपूर्ण सेतु हैं।
- लोकतांत्रिक संस्थाओं की प्रभावशीलता नागरिकों की भागीदारी से बढ़ती है।
- जागरूक नागरिक संवैधानिक सशक्तिकरण की प्रक्रिया के केंद्र में होते हैं।
- अधिकारों के साथ जिम्मेदारियाँ भी जुड़ी होती हैं।
- सामाजिक न्याय केवल नीतियों से नहीं, बल्कि सक्रिय नागरिकता से भी मजबूत होता है।

सामान्य प्रश्न

***1. क्या आयोग न्यायालय की तरह निर्णय देते हैं?***

*नहीं*। आयोग सामान्यतः शिकायतों की जाँच, अध्ययन, निगरानी और अनुशंसाओं का कार्य करते हैं, जबकि न्यायालय न्यायिक निर्णय प्रदान करते हैं।

***2. क्या कोई नागरिक आयोग में शिकायत कर सकता है?***

हाँ, यदि शिकायत आयोग के कार्यक्षेत्र से संबंधित हो, तो निर्धारित प्रक्रिया के अनुसार शिकायत प्रस्तुत की जा सकती है।

***3. क्या आयोग सीधे कानून बना सकते हैं?***

*नहीं*। आयोग कानून नहीं बनाते, लेकिन वे सरकार को सुझाव और अनुशंसाएँ प्रदान कर सकते हैं।

***4. जनप्रतिनिधियों की सबसे महत्वपूर्ण भूमिका क्या है?***

जनप्रतिनिधि नागरिकों और शासन के बीच संवाद स्थापित करते हैं तथा जनता की समस्याओं और अपेक्षाओं को उचित मंच तक पहुँचाते हैं।

***5. संवैधानिक संरक्षणों की सफलता किस पर निर्भर करती है?***

संवैधानिक संरक्षणों की सफलता सरकार, संस्थाओं, जनप्रतिनिधियों और जागरूक नागरिकों के संयुक्त प्रयासों पर निर्भर करती है।

**चिंतन हेतु प्रश्न**

- संवैधानिक संरक्षणों की आवश्यकता क्यों पड़ती है?
- आयोग और न्यायालय की भूमिकाओं में क्या अंतर है?
- जनप्रतिनिधि सामाजिक न्याय को मजबूत करने में कैसे योगदान दे सकते हैं?
- नागरिकों की भागीदारी लोकतंत्र को किस प्रकार मजबूत बनाती है?
- आप अपने समुदाय में संवैधानिक जागरूकता बढ़ाने के लिए क्या कर सकते हैं?

**प्रेरणादायक संदेश**

सशक्तिकरण की शुरुआत जानकारी से होती है, लेकिन उसका वास्तविक स्वरूप तब दिखाई देता है जब जानकारी जागरूकता में बदलती है और जागरूकता सकारात्मक कार्यों में परिवर्तित होती है।

संविधान ने हमें अधिकार दिए हैं। संस्थाओं ने हमें संरक्षण दिया है। लोकतंत्र ने हमें भागीदारी का अवसर दिया है।

अब यह हमारी जिम्मेदारी है कि हम इन अवसरों का उपयोग केवल अपने लिए नहीं, बल्कि एक अधिक न्यायपूर्ण, समान और जागरूक समाज के निर्माण के लिए भी करें।

एक जागरूक नागरिक केवल अपने अधिकारों की रक्षा नहीं करता; वह दूसरों के अधिकारों का भी सम्मान करता है। एक जिम्मेदार समाज केवल समस्याओं

की चर्चा नहीं करता; वह समाधान का हिस्सा भी बनता है।

याद रखिए :—

*संविधान हमें दिशा देता है।*
*अधिकार हमें शक्ति देते हैं।*
*शिक्षा हमें क्षमता देती है।*
*और जागरूक नागरिकता उस शक्ति और क्षमता को परिवर्तन में बदल देती है।*

जब नागरिक जागरूक होते हैं, संस्थाएँ उत्तरदायी होती हैं और समाज संवैधानिक मूल्यों के प्रति प्रतिबद्ध होता है, तब केवल व्यक्ति नहीं, पूरा राष्ट्र सशक्त होता है।

**एक अंतिम विचार**

संविधान अवसरों का मार्ग दिखाता है, अधिकार सुरक्षा प्रदान करते हैं, शिक्षा क्षमता विकसित करती है और जागरूकता सही दिशा में आगे बढ़ने की प्रेरणा देती है। जब ये सभी तत्व एक साथ आते हैं, तब व्यक्ति और समाज दोनों अधिक सशक्त बनते हैं।

# समापन संदेश

प्रिय पाठक,

यदि आप इस पृष्ठ तक पहुँच चुके हैं, तो मैं आपको हृदय से धन्यवाद देना चाहता हूँ। आपने इस पुस्तक के माध्यम से संविधान, अधिकारों, अवसरों, शिक्षा, सशक्तिकरण, नेतृत्व और जिम्मेदार नागरिकता जैसे महत्वपूर्ण विषयों की यात्रा पूरी की है।

इस पुस्तक को लिखने का उद्देश्य केवल जानकारी प्रदान करना नहीं था। मेरा उद्देश्य यह भी था कि अधिक से अधिक लोग यह समझ सकें कि संविधान केवल कानून की पुस्तक नहीं है, बल्कि अवसरों, अधिकारों, समानता और मानव गरिमा का एक जीवंत दस्तावेज़ है, जिसका संबंध हम सभी के दैनिक जीवन से है।

इस यात्रा में हमने देखा कि अधिकार क्यों महत्वपूर्ण हैं, संविधान नागरिकों की रक्षा कैसे करता है, शिक्षा और अवसर किस प्रकार जीवन बदल सकते हैं, और कैसे जागरूक नागरिक समाज और राष्ट्र के विकास में महत्वपूर्ण भूमिका निभाते हैं। हमने प्रेरणादायक व्यक्तित्वों से सीखा कि कठिन परिस्थितियाँ सफलता की राह को रोक नहीं सकतीं, यदि व्यक्ति में सीखने की इच्छा, दृढ़ संकल्प और आगे बढ़ने का साहस हो।

लेकिन इस पुस्तक का सबसे महत्वपूर्ण संदेश शायद यह है कि ज्ञान तभी सार्थक होता है जब वह जागरूकता में बदलता है, और जागरूकता तभी वास्तविक परिवर्तन लाती है जब वह सकारात्मक कार्यों में परिवर्तित हो।

संविधान केवल न्यायालयों, वकीलों या सरकारी संस्थाओं का विषय नहीं है। यह प्रत्येक नागरिक का है। यह उस विद्यार्थी का है जो शिक्षा प्राप्त करना चाहता है। यह उस युवा का है जो अपने सपनों को साकार करना चाहता है। यह उस नागरिक का है जो अपने अधिकारों को समझना और दूसरों के अधिकारों का सम्मान करना चाहता है। और यह उस समाज का है जो अधिक समान, अधिक न्यायपूर्ण और अधिक सशक्त भविष्य का निर्माण करना चाहता है।

मैं आपको प्रोत्साहित करना चाहूँगा कि इस पुस्तक को अंतिम पड़ाव न मानें। इसे एक शुरुआत मानें।

***सीखते रहिए।***

***प्रश्न पूछते रहिए।***

***विश्वसनीय जानकारी खोजते रहिए।***

*अपने कौशल विकसित करते रहिए।*

*उपलब्ध अवसरों का उपयोग कीजिए।*

और सबसे महत्वपूर्ण अपने ज्ञान और अनुभव का उपयोग केवल अपने लिए ही नहीं, बल्कि दूसरों की सहायता और समाज के सकारात्मक विकास के लिए भी कीजिए।

हमारा देश विविधताओं से भरा हुआ है। यही विविधता हमारी शक्ति है। जब जागरूकता, शिक्षा, अवसर, परिश्रम और परस्पर सम्मान एक साथ आते हैं, तब एक ऐसा समाज निर्मित होता है जहाँ अधिक लोग अपने सपनों को पूरा कर सकते हैं और अपनी क्षमताओं का सर्वोत्तम उपयोग कर सकते हैं।

भविष्य किसी एक व्यक्ति, संस्था या सरकार द्वारा निर्मित नहीं होता। भविष्य लाखों नागरिकों के छोटे-छोटे निर्णयों, प्रयासों और योगदानों से बनता है। इसलिए आपके निर्णय, आपका सीखना, आपका नेतृत्व और आपकी जागरूकता भी भारत के भविष्य का हिस्सा हैं।

मैं आशा करता हूँ कि यह पुस्तक आपको केवल जानकारी ही नहीं, बल्कि प्रेरणा, आत्मविश्वास और आगे बढ़ने की नई ऊर्जा भी प्रदान करेगी।

आइए, हम सभी मिलकर ऐसे भारत के निर्माण में योगदान दें जो अधिक जागरूक, अधिक समान, अधिक समावेशी और अधिक सशक्त हो।

आपकी ज्ञान-यात्रा के लिए शुभकामनाएँ।

*— मयंकादित्य दिनेश लोहिया*

# लेखक परिचय

*मयंकादित्य दिनेश लोहिया* (*Mayankaditya Lohiya*) एक युवा लेखक, शोधकर्ता और सामाजिक जागरूकता के समर्थक हैं। वे शिक्षा, संविधान, सामाजिक न्याय, इतिहास, अंतरराष्ट्रीय संबंधों और सार्वजनिक नीति जैसे विषयों में विशेष रुचि रखते हैं।

उन्होंने कम आयु में ही लेखन के क्षेत्र में अपनी पहचान बनाई और दो पुस्तकों— *Mindscapes Unveiled: A Journey into the Heart of Human*

*Nature and Psychology तथा The Blood of Baisakhi* का लेखन किया। उनके लेख विभिन्न मंचों पर प्रकाशित हुए हैं और वे युवाओं में जागरूकता, शिक्षा तथा नेतृत्व को बढ़ावा देने के लिए निरंतर कार्यरत हैं।

मयंकादित्य अनेक शैक्षणिक, साहित्यिक, शोध एवं नेतृत्व गतिविधियों में सक्रिय रहे हैं। वे सामुदायिक सेवा और सामाजिक पहलों से भी जुड़े हुए हैं तथा मानते हैं कि ज्ञान, शिक्षा और संवैधानिक जागरूकता एक सशक्त समाज की आधारशिला हैं।

यह पुस्तक भारतीय संविधान, अधिकारों, अवसरों और सशक्तिकरण के विषयों को सरल और सहज भाषा में अधिक से अधिक लोगों तक पहुँचाने के उद्देश्य से लिखी गई है।

***वे मानते हैं कि जागरूक नागरिक ही एक अधिक समान, समावेशी और सशक्त भारत के निर्माण की वास्तविक शक्ति हैं।***

www.ingramcontent.com/pod-product-compliance
Lightning Source LLC
LaVergne TN
LVHW100310210926
848480LV00003B/1085